GARNISH RECIPES AND PLATING TECHNIQUES

요리를 완성시키는 중요한 요소

가니시 레시피 & 플레이팅 테크닉

Koichi Hashimoto CELARAVIRD   Yujiro Takahashi LE SPUTNIK
Taku Tabuchi S'ACCAPAU   Junichi Kato L'ARGENT

옮긴이 용동희

GREENCOOK

이번에는
가니시가 주인공이다.

튀일, 파우더, 거품, 액체······.
텍스처, 색, 모양이 서로 다른 다양한 가니시에 의해
요리는 다채로워진다.

이 책은 프랑스, 이탈리아, 스페인, 덴마크 등 각국의 요리를 배우고
자신만의 표현을 확립한 톱 셰프 4명이 탄생시킨
다채로운 88가지의 가니시 요리를 수록했다.
가니시 하나하나에 초점을 두어, 만드는 방법과 사용 샘플은 물론
색, 촉감, 요리 난이도에 이르기까지 상세하게 설명한다.

이런 가니시에 대해 배우고 '자신의 것'으로 만드는 일은,
곧 요리의 표현력이 풍부해지는 결과로 이어진다.

「여기 붉은 색감이 있으면 더 보기 좋을 텐데.」
「이 요리에 바삭한 촉감을 더하면 완벽해질 듯해.」
이런 고민은 요리의 표현력이 풍부하면
금방 해결할 수 있다.

구성 요소 중 하나에 불과했던
가니시를 주인공으로 한 이 책으로,
이제 요리의 표현력을 늘려보자.

CONTENTS

003 이번에는 가니시가 주인공이다.

칩, 튀일 | Chips, Tuile

008 **01** 요구르트 튀일 *Yogurt Tuile*	022 **08** 시라스 칩 *"SHIRASU" Chips*	036 **15** 몰트 추로스 *Roasted Malt Churros*
010 **02** 요구르트 튀일 *Yogurt Tuile*	024 **09** 파래 튀일 *Sea Lettuce Tuile*	038 **16** 향신료 튀일 *Tuile with Spices and Liqueur*
012 **03** 그물망모양 튀일 *Mesh-pattern Tuile*	026 **10** 눈꽃 결정 *Snow Crystal*	040 **17** 사각 튀일 *Square Tuile*
014 **04** 라이스 칩 *Rice Chips*	028 **11** 춘권 타르트 *Spring Roll Tart*	042 **18** 머랭 튀일 *Meringue Tuile*
016 **05** 라이스 칩 *Rice Chips*	030 **12** 비트 튀일 *Beetroot Tuile*	044 **19** 머랭 튀일 *Meringue Tuile*
018 **06** 아이소말트 투명 튀일 *"Isomalt" Transparent Tuile*	032 **13** 파트 아 브릭 타르틀레트 *"Pâte à Brick" Tartelette*	
020 **07** 섀도 퀸 칩 *Potato Chips "Shadow Queen"*	034 **14** 샐러리악 토르티야 *Celeriac Tortilla*	

쿠키, 비스킷 | Cookies, Biscuits

046 **20** 커브드 쿠키 *Curved Cookies*	052 **23** 벌집 쿠키 *Honeycomb-shaped Cookies*	058 **26** 몰트 쿠키 *Roasted Malt Cookies*
048 **21** 그리시니 *Grissini*	054 **24** 손모양 쿠키 *Hand-shaped Cookies*	060 **27** 은행잎 쿠키 *Ginkgo-shaped Cookies*
050 **22** 해초 비스킷 *Seaweed Biscuits*	056 **25** 버섯 사블레 *Mushroom Sable*	

시트 | sheets

	070 **31** 한천 시트 *"KANTEN" Agar Sheets*	078 **35** 레더 *"Leather"*
064 **28** 엘라스틱 시트 *Elastic Sheets*	072 **32** 젤리 시트 *Jelly Sheets*	080 **36** 돼지감자 시트 *"KIKUIMO" Sheets*
066 **29** 에스프레소 아가 시트 *Agar Sheets with Espresso Flavor*	074 **33** 규히 시트 *"GYUHI" Rice Cake*	082 **37** 초리조 시트 *Chorizo Sheets*
068 **30** 토마토 아가 시트 *Agar Sheets with Tomato Flavor*	076 **34** 미니 피아디나 *Mini "Piadina"*	

파우더, 크럼블 | Powder, Crumble

085	38	카시스파우더 / Cassis Powder
086	39	블랙올리브 크럼블 / Black Olive Crumble
088	40	말린 채소 파우더 / Vegetable Powder
090	41	흑마늘파우더 / Black Garlic Powder
092	42	요구르트 크럼블 / Yogurt Crumble
094	43	그린 아이스파우더 / Green Ice Powder
096	44	가스파초 아이스파우더 / Ice Powder with Gazpacho Flavor
098	45	발효파우더 / Fermented Powder
100	46	요구르트 아이스파우더 / Yogurt Ice Powder

입체, 구체 | Solid, Sphere

102	47	공모양 서양배 퓌레 / Pear Extract Puree Sphere
104	48	돌모양 감자 / Stone-shaped Potatoes
106	49	대나무숯 머랭 / Bamboo Charcoal Meringue
108	50	흑임자 추로스 / Black Sesame Churros
110	51	초콜릿 그릇 / Chocolate Orbs
112	52	스파이럴 코르네 / Spiral Cornets
114	53	옥수수 세미프레도 / Corn "Semifreddo" Ice
116	54	에이블스키버 / "Aebleskiver"
118	55	시가 / "Cigare"
120	56	파슬리 젤리 / Parsley Jelly
122	57	반구형 머랭 / Hemisphere-shaped Meringue
124	58	건조 난백 머랭 / Dried Egg White Meringue
126	59	반딧불 / Firefly
128	60	스노 글로브 / Snow Globe
130	61	설탕공예 / "AMEZAIKU" Candy
132	62	종이학 / "ORIGAMI" Paper Cranes
134	63	다르질링 무스 / Darjeeling Tea Mousse

거품 | Foam

136	64	유자즙 거품 / "YUZU" Flavored Foam
137	65	훈제 베이컨 풍미의 거품 / Smoked Bacon Flavored Foam
138	66	로즈워터 거품 / Rosewater Foam
140	67	누베 / "Nube"
142	68	아보카도 피스타치오 무스 / Avocado Pistachio Mousse
144	69	에어 초콜릿 / Frozen Chocolate Foam
146	70	머랭 수플레 / Meringue "Souffle"

퓌레, 줄레, 액체 | Puree, Gelee, Liquid

- 150　**71**　토마토 퓌레　*Tomato Agar Puree*
- 152　**72**　블루 퓌레　*Blue Puree*
- 154　**73**　민트 젤리　*Mint Jelly*
- 156　**74**　블루 줄레　*Blue Gelee*
- 158　**75**　알 모양 줄레　*Agar Gelee Balls*
- 160　**76**　식초 퓌레　*Vinegar Puree*
- 162　**77**　태운 레몬 퓌레　*Browned Lemon Puree*
- 164　**78**　돼지감자 농축액　*"KIKUIMO" Extract*
- 166　**79**　누에콩 농축액　*Fava Beans Extract*
- 168　**80**　물결 줄레　*Water Ripple Gelee*

재료 | Ingredients

- 171　**81**　자색고구마 코르네　*Sweet potato Cornets*
- 172　**82**　말린 감귤　*Dried Mandarin Orange*
- 174　**83**　가리비 칩　*Scallop Chips*
- 176　**84**　양상추 그릇　*Lettuce Bowls*
- 178　**85**　펜네 크로칸테　*Crispy Penne*
- 180　**86**　처빌 로열 아이싱　*"Glass Royale" Chervil*
- 182　**87**　우엉 프리터　*Burdock Fritters*
- 184　**88**　미트 프리터　*Beetroot "Ball of Wool"*

셰프 소개

- 188　Koichi Hashimoto　CELARAVIRD
- 190　Yujiro Takahashi　LE SPUTNIK
- 192　Taku Tabuchi　S'ACCAPAU
- 194　Junichi Kato　L'ARGENT

색인

- 196　촉감별 색인
- 197　색깔별 색인
- 198　재료별 색인

이 책을 읽기 전에
- 레시피에 기재된 분량은 만들기 쉽거나, 준비하기 쉬운 분량이다.
- 레시피에 기재된 조리시간과 분량은 기준이므로, 원하는 결과물에 따라 알맞게 조절한다.
- 사용하는 재료, 조미료, 조리환경에 따라 완성 상태가 달라질 수 있으므로, 원하는 결과물이 되도록 알맞게 조절한다.

각 가니시의 기본 정보에 대하여
- 각 페이지의 가니시 사진 아래에 표기한 「번호」는 가니시 번호다.
- 각 가니시의 「촉감」이란, 손으로 만졌을 때나 입에 넣었을 때의 텍스처를 의성·의태어로 표현한 것이다. 감각적인 부분이므로, 어디까지나 참고하는 정도로 생각한다.
- 각 가니시의 「보형성」이란, 장시간 그 가니시를 그대로 두었을 때 모양이나 상태가 변하는지, 변하지 않는지를 나타낸 것이다.
- 각 가니시의 「난이도」란 조리 난이도를 나타낸 것이다. 총 5단계로 ★☆☆☆☆가 가장 쉬운 것, ★★★★★가 가장 어려운 것이다.

칩, 튀일 | Chips, Tuile

01 | 요구르트 튀일
Yogurt Tuile

02 | 요구르트 튀일
Yogurt Tuile

03 | 그물망모양 튀일
Mesh-pattern Tuile

04 | 라이스 칩
Rice Chips

05 | 라이스 칩
Rice Chips

06 | 아이소말트 투명 튀일
"Isomalt" Transparent Tuile

07 | 섀도 퀸 칩
Potato Chips "Shadow Queen"

08 | 시라스 칩
"SHIRASU" Chips

09 | 파래 튀일
Sea Lettuce Tuile

10 | 눈꽃 결정
Snow Crystal

11 | 춘권 타르트
Spring Roll Tart

12 | 비트 튀일
Beetroot Tuile

13 | 파트 아 브릭 타르틀레트
"Pâte à Brick" Tartelette

14 | 샐러리악 토르티야
Celeriac Tortilla

15 | 몰트 추로스
Roasted Malt Churros

16 | 향신료 튀일
Tuile with Spices and Liqueur

17 | 사각 튀일
Square Tuile

18 | 머랭 튀일
Meringue Tuile

19 | 머랭 튀일
Meringue Tuile

칩, 튀일 | Chips, Tuile

우윳빛이 인상적인 튀일. 파삭파삭한 섬세한 식감을 표현하려면 두께 1~2㎜로 펴서 굽는 것이 포인트. 요구르트 특유의 새하얀 색감을 살리기 위해, 굽는 중에 온도를 낮춰서 노릇해지는 것을 막는다.
— 담당/가토 준이치(L'ARGENT)

재료 (만들기 쉬운 분량)

플레인 요구르트(무가당) 370g
설탕 30g
잔탄검* 1g

＊잔탄검
여기서는 SOSA사의 증점제 「Xantana」를 사용.

01

요구르트 튀일
Yogurt Tuile

색	흰색 ○
촉감	파삭파삭
보형성	있음
난이도	★☆☆☆☆

만드는 방법

1. 키친페이퍼를 깐 체에 플레인 요구르트를 올리고, 냉장고에 하룻밤 두어 물기를 제거한다.
2. 1에 설탕과 잔탄검을 넣고, 가루가 녹아 어우러질 때까지 충분히 섞는다. 퓌레 상태가 되면 실패드 위에 두께 1~2㎜가 되도록 스크레이퍼 등으로 펴 바른다. 여기서는 약 15㎝×약 35㎝ 직사각형모양으로 폈는데, 이때 실패드 가장자리 부분을 잘라내서 반죽모양을 다듬기 위한 틀로 사용했다.
3. 2를 90℃, 송풍 사용, 습도 0% 컨벡션오븐으로 실패드에서 튀일이 떼어질 정도의 굳기가 될 때까지 굽는다(10분마다 상태를 확인한다).
4. 실패드에서 튀일이 떼어질 정도의 굳기가 되면, 튀일을 실패드에서 떼어낸다. 실패드 2장 사이에 튀일을 끼우고 70℃, 송풍 사용, 습도 0% 컨벡션오븐으로 건조시킨다.
5. 원하는 크기, 모양으로 잘라 사용한다.

가니시 사용 샘플

홋카이도 요구르트 라벤더

라벤더 풍미를 입힌 마스카르포네 무스에 요구르트 셔벗을 겹쳐 올리고, 그릇 테두리에 요구르트 튀일을 걸쳐 놓아 전체를 감춘 디저트. 요구르트를 가열조리하는 경우는 드물지만, 가열하면 새로운 텍스처와 풍미 등을 끌어낼 수 있다. 튀일을 자르는 방법과 크기에 따라 디저트의 인상도 바뀐다.

칩, 튀일 | Chips, Tuile

두께 1mm로 구워낸 요구르트 튀일. 두께가 두꺼우면 파삭한 촉감이 약해질 뿐 아니라, 굽는 시간이 길어지고 색이 노릇노릇해진다. 요구르트답게 우윳빛과 섬세한 촉감을 살려 완성했다.

— 담당/다카하시 유지로(LE SPUTNIK)

재료 (만들기 쉬운 분량)

플레인 요구르트(무가당) 170g
우유 70g
콘스타치 10g
그래뉴당 6g

02

요구르트 튀일
Yogurt Tuile

색 흰색 ○

촉감 파삭파삭 사박사박

보형성 있음

난이도 ★☆☆☆☆

만드는 방법

1 냄비에 플레인 요구르트를 넣고 가열한다. 우유, 콘스타치, 그래뉴당을 넣어 섞는다.
2 가루가 녹고, 전체가 잘 어우러지면 여과기로 거른다.
3 지름 약 3cm, 두께 1mm 원모양이 되도록, 실패드에 **2**의 요구르트 반죽을 팔레트 나이프로 펴 바른다. 여기서는 지름 약 3cm로 둥글게 구멍 낸 우유팩을 틀 대신 사용했다.
4 70℃로 예열한 컨벡션오븐에 1시간 30분 가열한다.
5 실패드에서 떼어내고 사용한다.

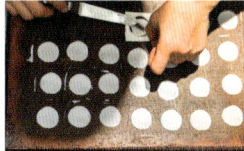

가니시 사용 샘플

'크렘 당주'
딸기
머위의 어린 꽃봉오리
버터밀크

반구형으로 구워 그릇처럼 만든 머랭 안에 딸기 소스와 과육, 어린 머위 꽃봉오리 아이스크림을 담는다. 여기에 크렘 당주를 얹고, 요구르트 튀일을 겹쳐 올려 봄 분위기의 디저트로 완성한다. 주위에 버터밀크(발효유) 거품을 둘러, 젖산발효 풍미로 전체에 통일감을 주었다. 튀일은 섬세한 촉감으로 악센트 역할을 한다.

칩, 튀일 | Chips, Tuile

날개 달린 교자의 가장자리처럼 그물망 모양으로 구멍이 난 튀일. 수분과 기름이 분리된 상태로 재료를 구우면 사진과 같은 모양이 만들어진다. 파르미자노, 오징어먹물을 넣는 등 맛과 풍미에 변화를 줘도 좋다. ― 담당/다부치 다쿠(S'ACCAPAU)

재료 (만들기 쉬운 분량)

물 150g
강력분 15g
식용유 40g
소금 1g

03

그물망 모양 튀일

Mesh-pattern Tuile

만드는 방법

1. 재료를 모두 볼에 넣고 골고루 섞는다.
2. 식용유(분량 외)를 둘러 프라이팬을 달군다. **1**을 프라이팬 전체에 얇게 둘러 굽는다. 이때 열에 의해 수분과 기름이 분리되어, 망사모양으로 완성된다.
3. **2**의 굽기가 끝나면, 적당한 크기로 잘라 사용한다.

색	황토색 ●
촉감	파삭파삭
보형성	있음
난이도	★ ☆ ☆ ☆ ☆

가니시 사용 샘플

연어 안초비 딜 영귤

저온으로 구운 연어에 칼집을 넣고, 그물망모양 튀일을 꽂아 촉감에 악센트를 준다. 한 방울씩 떨어뜨린 바냐 카우다 퓌레, p.158의「한천 줄레 알」처럼 알갱이 형태로 캡슐화한 영귤 과즙을 소스 대신 사용한다. 튀일은 큰 것 1장을 사용해도, 작게 잘라 토핑으로 사용해도 좋다.

칩, 튀일 | Chips, Tuile

크로캉 같은 촉감의 쌀로 만든 칩. 대나무숯파우더를 넣지 않으면 흰색, 대나무숯파우더 대신 사프란을 넣으면 노란색, 이렇게 자유자재로 색을 변화시킬 수 있다. 그대로도 안주로 충분히 즐길 수 있는 가니시다. — 담당/다부치 다쿠(S'ACCAPAU)

재료 (약 20개 분량)

쌀 40g
물 145g
소금 1.2g
대나무숯파우더(식용) 적당량

04

라이스 칩
Rice Chips

색	검은색 ●
촉감	와삭와삭
보형성	있음
난이도	★ ★ ☆ ☆ ☆

만드는 방법

1 대나무숯파우더를 제외한 재료를 모두 냄비에 넣고 가열한다. 끓으면 약불로 줄이고, 쌀이 부드러워질 때까지 뭉근히 끓인다.
2 1의 쌀이 부드럽게 익으면 대나무숯파우더를 넣고 섞는다.
3 전체가 검게 물들면 믹서에 옮기고, 매끄러운 페이스트 상태가 될 때까지 섞는다.
4 3을 트레이나 볼에 옮겨서 남은 열을 식힌다. 한 김 식으면 실패드에 얇게 편다(굽기가 끝난 상태를 고려하여 두께를 결정한다. 여기서는 두께 약 5㎜).
5 90℃로 예열한 컨벡션오븐에 하룻밤 건조하듯 굽는다. 적당한 크기로 자른다.
6 제공 전, 200℃로 가열한 식용유(분량 외)로 바삭하게 튀긴다. 바로 사용하지 않는 경우에는 **5**까지 완료한 상태로, 건조제를 넣은 밀폐용기에 보관하고 제공 직전에 튀긴다.

가니시 사용 샘플

쌀 가리비
대나무숯 해초

검은색 라이스 칩 위에 가리비 타르타르를 올린 일품 전채요리. 「쌀로 만든 칩」이라는 점에 착안하여, 그릇에 쌀을 가득 담고 그 위에 올려 제공한다. 여기서는 가리비를 올렸지만 어패류든 고기든 어떤 재료와도 어울린다. 또한, 이것만 먹어도 안주가 되기 때문에 만들어두면 유용한 아이템이다.

칩, 튀일 | Chips, Tuile

쌀과 물로만 만든 입체적인 모습의 칩. 반죽으로 원하는 모양을 그리고, 건조시킨 다음 튀겨서 독특한 형태를 표현한다. 재료가 심플한 만큼, 조합하는 재료를 가리지 않고 어디에든 활용할 수 있는 아이템이다.

— 담당/하시모토 고이치(CELARAVIRD)

재료(만들기 쉬운 분량)

쌀 540㎖
물 1.62ℓ
해조 소금* 적당량

*해조 소금[藻塩]
해조류를 바닷물에 적셔서 태우고 물에 녹인 후 그 웃물을 끓여 만든 소금.

05

라이스 칩
Rice Chips

색   흰색 ○
촉감   와삭와삭
보형성   있음
난이도   ★★☆☆☆

만드는 방법

1. 냄비에 쌀과 물을 넣은 다음, 뚜껑을 덮지 않고 밥을 짓는다.
2. 쌀이 익으면 불을 끄고 블렌더로 간다. 이때 완전한 퓌레 상태를 만드는 것이 아니라, 알갱이가 살짝 남을 정도로 갈아 둔다.
3. 2를 짤주머니에 넣고, 오븐시트 위에 원하는 모양으로 짠다. 여기서는 원 안에 별표를 그리듯 짰다.
4. 3을 식품건조기에 65℃로 표면이 바삭해질 때까지 건조시킨 다음, 190℃로 가열한 식용유(분량 외)에 튀긴다. 기름에 넣자마자 입체적으로 부풀어 오르므로, 이 타이밍에 젓가락 등을 사용하여 모양을 만든다.
5. 건져내어 기름기를 뺀 다음 사용한다. 해조 소금을 뿌린다.

가니시 사용 샘플

쌀 성게알

라이스 칩에 파우더 상태의 성게알을 듬뿍 뿌리고, 성게알 마요네즈와 처빌을 듬성듬성 올린 일품 전채 요리. 성게알 외에 김, 파래처럼 풍미가 뚜렷하거나 밥과 궁합이 좋은 재료라면 무엇이든 어울린다. 만들어두면 간식처럼 단독으로도, 전채나 메인 디시의 곁들임으로도 유용하다.

칩, 튀일 | Chips, Tuile

설탕과 비슷한 물리적 성질을 가진 감미료「아이소말트」를 사용하여 만드는 유리처럼 투명한 튀일. 딱딱하지만 깨지기 쉽다. 아이소말트의 풍미 자체는 고유의 맛이나 냄새가 없기 때문에, 모든 디저트에 응용할 수 있다.

— 담당/다부치 다쿠(S'ACCAPAU)

재료 (만들기 쉬운 분량)

아이소말트* 적당량

*아이소말트
당알코올의 일종인 감미료. 설탕과 비슷한 물리적 성질을 가졌지만, 설탕보다 저칼로리이며 쉽게 결정화하지 않는다.

06

아이소말트 투명 튀일
"Isomalt" Transparent Tuile

색	투명 ○
촉감	오도독
보형성	있음
난이도	★☆☆☆☆

만드는 방법

1. 아이소말트를 냄비에 넣고 가열한다. 100℃ 이상이 될 때까지 가열하여 녹인다. 이때 캐러멜화로 색이 변하지 않도록, 약불에 냄비를 돌려가며 천천히 온도를 높인다.
2. **1**의 아이소말트가 완전히 녹아 액체가 되면, 뜨거운 채로 실패드에 붓고 1㎜ 정도 두께로 얇게 편다. 그 위에 다시 실패드를 겹쳐 올리고, 밀대를 이용하여 균일한 두께가 되도록 민다.
3. **2**의 상태 그대로 한 김 식히고, 식으면 적당한 크기로 잘라 사용한다.

가니시 사용 샘플

소금 우유 아몬드 요구르트 코코넛

머리는 소금과 우유 아이스크림으로, 몸은 아몬드 풍미 판나코타로 만든 눈사람에, 코코넛 소스, 머랭 튀일, 요구르트 아이스파우더(p.44, p.100)를 곁들인 일품요리. 여기에 아이소말트 투명 튀일을 첨가하여 겨울 분위기의 새하얀 디저트로 완성했다.

칩, 튀일 | Chips, Tuile

선명한 보라색을 띠는 감자「섀도 퀸」의 특징을 살려 만든 '포테이토칩'. 얇고 가는 선으로 덧없음을 표현했다. 특유의 전분질을 살려서 만들기 때문에, 감자 외의 재료로는 대체하기 어렵다.

— 담당/가토 준이치(L'ARGENT)

재료 (만들기 쉬운 분량)

감자(섀도 퀸) 200g
소금 적당량

07

섀도 퀸 칩
Potato Chips "Shadow Queen"

색	보라색 ●
촉감	사박사박
보형성	있음
난이도	★ ☆ ☆ ☆ ☆

만드는 방법

1. 냄비에 감자(섀도 퀸)를 껍질째 넣고, 잠길 정도로 물(분량 외)을 부어 불에 올린다. 약불로 천천히 가열하여 부드러워질 때까지 삶는다. 이때 센불로 삶으면, 껍질이 터지고 그 틈으로 감자의 색과 풍미가 빠져나오므로 불조절에 주의한다.
2. 꼬치를 찔렀을 때, 안쪽까지 잘 들어가면 물에서 꺼내고 껍질을 벗긴다. 으깨서 매시트포테이토를 만든다. 소금, 감자 삶은 물을 넣고 다시 으깨어 부드러운 페이스트 상태를 만든다.
3. 2의 페이스트를 원하는 실리콘틀에 얇게 펴고 90℃, 송풍 사용, 습도 0% 컨벡션 오븐에 약 3시간 건조시킨다.
4. 사용 전, 3을 틀에서 떼어내고 150℃로 가열한 식용유(분량 외)에 5초 정도 튀긴다.

가니시 사용 샘플

섀도 퀸 칩을 곁들인 광어 비에누아즈

광어에 빵가루를 입혀 튀기고, 생선육수에 드라이토마토 등을 넣어 만든 뒤글레레(Duglére) 소스를 조합한 클래식한 생선요리. 감자를 곁들이는 것이 정석으로, 여기서는 섀도 퀸 칩을 곁들였다. 포테이토칩이지만 선명한 색감과 섬세한 곡선이 고급 요리처럼 보여진다.

칩, 튀일 | Chips, Tuile

시라스를 가루 종류와 함께 페이스트 상태가 될 때까지 믹서에 돌리고, 1번 냉동시킨 후 바삭하게 튀긴 칩. 시라스 외에도 벚꽃새우, 김 등 전병 재료로 친숙한 것이라면 무엇이든 대체할 수 있다.

— 담당/다카하시 유지로(LE SPUTNIK)

재료 (약 20개 분량)

시라스 45g
녹말가루 50g
상신분(멥쌀을 곱게 빻은 가루) 25g
물 40g
소금 적당량

08

시라스 칩
"SHIRASU" Chips

색	흰색 ○
촉감	파삭파삭
보형성	있음
난이도	★☆☆☆☆

만드는 방법

1 재료를 모두 합쳐서 믹서에 돌려 페이스트 상태를 만든다.
2 1을 밀대로 넓게 편 다음, 오븐시트 사이에 반죽을 넣어 1~2㎜ 두께로 밀고, 냉동한다.
3 오븐시트를 떼어내고, 알맞은 크기로 자른다. 160℃로 가열한 식용유(분량 외)에 바삭하게 튀긴다.

가니시 사용 샘플

와카야마현 시라스 구조파

얇고 섬세한 촉감으로 튀긴 시라스 칩에, 시라스와 프로마쥬 블랑으로 만든 무스를 짠 다음, 그 위에 시라스와 구운 구조파를 올리고, 다시 시라스를 올린 핑거푸드. 코스의 전채로 제공하며 샴페인 등과 매치해도 좋다. 시라스를 벚꽃새우, 김 등으로 대체하는 등 응용하기 좋은 아이템이다.

칩, 튀일 | Chips, Tuile

언뜻 보면 김 같지만 파래, 시금치 베이스로 만든 칩이다. 파삭하고 섬세한 식감이 특징이다. 그대로 먹어도 좋고, 재료를 올리거나 사이에 끼워서도 활용할 수 있다. 두께와 모양은 굽기 전에 취향에 맞게 바꿔도 좋다.

— 담당/다카하시 유지로(LE SPUTNIK)

재료 (만들기 쉬운 분량)

파래파우더 30g
그린 퓌레* 180g
박력분 60g
달걀흰자 60g
설탕 14g
소금 5g

*그린 퓌레
믹서에 시금치를 알맞게 잘라 넣고, 돌아갈 정도의 물을 부어 간다. 냄비로 옮기고 불에 올린다. 끓으면 수분과 재료가 분리되는데, 수분만 제거한다. 재료만 다시 믹서에 돌려 퓌레 상태를 만든다.

09

파래 튀일
Sea Lettuce Tuile

색 — 진녹색
촉감 — 파삭파삭
보형성 — 있음
난이도 — ★☆☆☆☆

만드는 방법

1. 재료를 모두 볼에 넣고 거품기로 골고루 섞는다.
2. 1이 잘 섞이면 튀일 1장 분량(원하는 만큼. 여기서는 약 5g 정도)을 스패츌러로 덜어, 실패드에 적당한 두께로 펴 바른다(여기서는 약 1㎜ 두께).
3. 2를 실패드째 오븐팬에 올리고, 140℃로 예열한 오븐에 약 15분 굽는다.
4. 실패드에서 떼어내고 사용한다.

가니시 사용 샘플

파래 굴 참치 가지

파래 튀일을 밀푀유처럼 겹치고 그 사이사이에 굴 무스, 가지 무스, 참치 타르타르 등을 각각 조금씩 끼워 넣은 후, 마지막에 파래와 시금치파우더를 뿌린 일품요리. 여기서처럼 여러 장을 겹치는 방법 외에도, 튀일 위에 재료를 얹거나 그대로 제공하는 등 자유롭게 응용할 수 있다. 틀을 사용하여 성형한 다음 구워도 좋다.

칩, 튀일 | Chips, Tuile

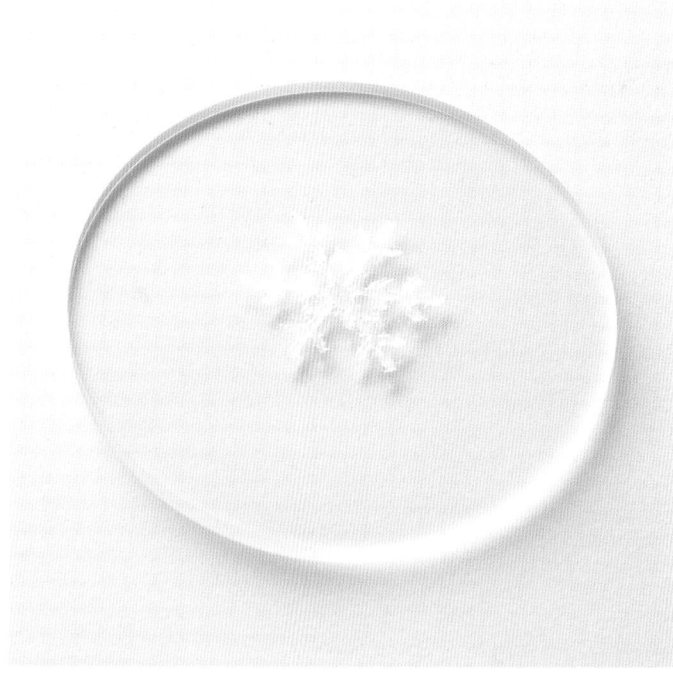

눈 결정을 본뜬 파삭파삭한 설탕공예. 1번 판모양으로 굳혔다가 분쇄하여 파우더 형태로 만든 다음, 다시 녹여 사탕 형태로 만들기 때문에, 다루기 쉽고 보관하기 쉽다. 원하는 모양의 사탕을 만들 수 있다는 점에서 활용도가 높은 가니시다.

— 담당/하시모토 고이치(CELARAVIRD)

재료(100개 분량)

퐁당 페이스트 200g
물엿 100g
아이소말트* 100g

*아이소말트
당알코올의 일종인 감미료. 설탕과 비슷한 물리적 성질을 가졌지만, 설탕보다 저칼로리이며 쉽게 결정화하지 않는다.

10

눈꽃 결정
Snow Crystal

색	투명 흰색 ○○
촉감	파삭파삭
보형성	있음
난이도	★★☆☆☆

만드는 방법

1 재료를 모두 냄비에 넣고 불에 올린다. 160℃가 될 때까지 저으면서 가열한다.
2 160℃가 되고, 전체가 잘 섞였으면 실패드에 부어 넓게 편다. 상온에 30분 정도 두고 굳힌다.
3 2가 굳으면 숟가락 등으로 두들겨 알맞은 크기로 깨뜨린 다음, 푸드프로세서에 넣고 갈아서 고운 파우더 상태를 만든다.
4 실패드에 원하는 틀을 겹쳐 올리고, 차거름망으로 3의 파우더를 뿌린다. 여기서는 눈꽃 결정 모양의 틀을 올렸다. 틀을 제거하고 100~120℃로 예열한 오븐에 1분 가열한다.
5 눈꽃 결정 모양이 망가지지 않도록, 조심스럽게 실패드에서 떼어내고 사용한다.

가니시 사용 샘플

카카오 에어초콜릿과 눈 결정

초콜릿 가나슈와 딸기를 한 플레이트에 올린 디저트. 딸기에는 눈꽃 결정 모양의 설탕공예를 올리고, 가나슈를 펠트 용기에 담아 겨울 느낌으로 완성했다. 여기서는 설탕공예로 눈꽃 결정을 만들었지만, 취향이나 만들려는 의도에 따라 모양을 바꿔도 좋다. 파우더 상태일 때, 보관용기에 넣어두면 유용한 아이템이다.

칩, 튀일 | Chips, Tuile

언뜻 보면 평범한 타르틀레트(1인용 타르트) 같지만, 실은 시판 춘권피를 2장 붙여서 만든 즉석 타르트 생지다. 반죽을 일일이 만들 필요가 없어 노력과 시간을 아낄 수 있을 뿐 아니라, 틀을 바꾸면 어떤 모양이든 만들 수 있다.

— 담당/가토 준이치(L'ARGENT)

재료 (만들기 쉬운 분량)

메이플시럽 100g
버터 100g
춘권피(시판품) 적당량(짝수매)

11

춘권 타르트
Spring Roll Tart

색
황토색

촉감
사박사박

보형성
있음

난이도

만드는 방법

1 메이플시럽, 버터를 냄비에 넣고 불에 올린다. 섞으면서 끓여 유화시킨다.
2 춘권피 1장을 펴서 한쪽면 전체에 **1**을 빈틈없이 넓게 바른다. 그 위에 춘권피를 1장 더 겹쳐 붙인다. 여기서는 타르트 생지로 사용하기 때문에, 2장을 겹쳐 생지의 강도를 높이는 것이 목적이다.
3 원하는 크기의 타르트틀(여기서는 지름 약 4㎝)과, 그 틀이 잘 들어갈 정도의 전체적으로 조금 큰 원형틀을 준비한다.
4 **3**의 원형틀을 **2**의 생지에 올리고, 칼로 주위에 칼집을 넣어 원모양으로 자른다.
5 **4**의 생지를 **3**의 타르트틀 안에 깐다. 그 위에 같은 타르트틀을 2~3개 겹쳐 올려서 누름돌처럼 사용한다.
6 **5**를 그대로 오븐팬에 올리고, 150℃로 예열한 오븐에 약 15분 굽는다. 틀에서 떼어내고 타르트 생지로 사용한다.

가니시 사용 샘플

도카치 허브 소 타르타르

시판 춘권피를 2장 붙여 만든 타르트 생지에, 도카치 허브 소(깊은 감칠맛과 적당한 지방을 지닌 홋카이도 도카치 지방의 소)타르타르와 허브를 올린 핑거푸드. 위에는 가츠오부시 풍미 마요네즈와 요구르트 크럼블(p.92)을 올려, 소와 유제품이라는 공통분모가 생겼다. 소, 말 같은 육류뿐 아니라 참치, 한치, 단새우 등의 어패류 타르타르와도 잘 어울린다.

칩, 튀일 | Chips, Tuile

비트와 여러 설탕 종류를 사용하여 만든, 꽃잎처럼 붉은 칩. 여기서는 직접 만든 꽃잎모양의 틀을 사용했지만, 모양과 크기는 원하는 대로 만들어도 좋다. 비트의 색감을 살려서 장미 등의 꽃모양에 도전한다. — 담당/다카하시 유지로(LE SPUTNIK)

재료 (만들기 쉬운 분량)

비트 300g
그래뉴당 10g
트레할로스 10g
아이소말트* 25g
글루코스(포도당) 5g
소금 2g

*아이소말트
당알코올의 일종인 감미료. 설탕과 비슷한 물리적 성질을 가졌지만, 설탕보다 저칼로리이며 쉽게 결정화하지 않는다.

12

비트 튀일
Beetroot Tuile

색	붉은색 ●
촉감	파삭파삭
보형성	있음
난이도	★★☆☆☆

만드는 방법

1 비트는 껍질을 벗기고 가로세로 2cm로 네모나게 썬다. 꼬치가 잘 들어갈 때까지 삶는다.
2 **1**과 그 외의 재료를 모두 믹서에 넣고 섞는다. 퓌레 상태가 되면 여과기로 거른다.
3 오븐팬에 오븐시트를 깔고, 직접 만든 꽃잎모양의 틀을 올린 다음, **2**의 퓌레를 얇게 펴 바른다(원하는 틀을 사용해도 좋다). 120℃로 예열한 컨벡션오븐에 35분 가열하고 건조시킨다.
4 뜨거울 때 오븐시트에서 떼어내어, 꽃잎 끝부분을 쥐고 살짝 둥글게 구부린다.

가니시 사용 샘플

'장미' 푸아그라 비트

비트 젤리시트를 씌운 푸아그라 테린느에 비트 칩을 겹겹이 꽂아 만든 장미. 비트파우더와 소스를 곁들여 전체를 붉은색으로 완성하면 '시그니처 디시'로 제격이다. 비트 칩은 1장으로도 충분하지만, 여러 장을 사용하면 훨씬 화려한 인상을 만들어 낼 수 있다.

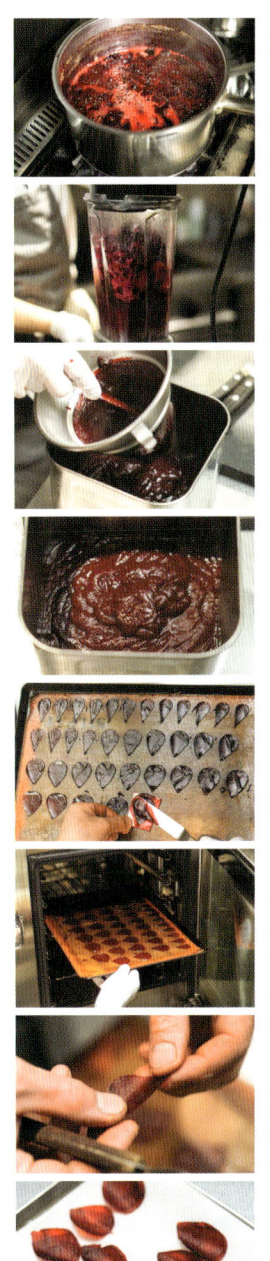

칩, 튀일 | Chips, Tuile

밀가루로 만든, 크레이프처럼 얇은 시판 생지 「파트 아 브릭」을 사용하여 만든 타르틀레트 생지. 시판품으로 만들 수 있기 때문에 준비하기도 쉽다. 구웠을 때 가벼운 식감이 매력적이지만, 습기에 약하기 때문에 수분에 주의가 필요하다.

— 담당/하시모토 고이치(CELARAVIRD)

재료 (2개 분량)
파트 아 브릭 적당량
정제버터 조금

13

파트 아 브릭 타르틀레트
"Pâte à Brick" Tartelette

만드는 방법
1. 파트 아 브릭을 지름 6cm 원형틀로 찍어낸다. 양쪽면에 정제버터를 바른다.
2. 지름 약 5cm 브리오슈틀에 **1**을 깔고, 그 위에 같은 틀을 다시 겹쳐 올린다. 170℃로 예열한 오븐에 8분 가열한다. 위아래 틀을 제거하고 사용한다.

색	황금색
촉감	파삭파삭 사박사박
보형성	있음
난이도	★☆☆☆☆

가니시 사용 샘플

크리스탈 타르트

게살, 자몽 과육을 샐러리악 퓌레, 신맛을 살린 토마토 퓌레와 함께 타르틀레트에 올리고, 식용꽃으로 장식하여 다채로운 한입 핑거푸드로 만든다. 타르틀레트 생지는 얇고 입안에서 사르르 녹는 식감으로, 파이 생지와 같은 섬세함이 있다. 게살 외에도 모란새우, 오징어 등과 궁합이 좋다.

칩, 튀일 | Chips, Tuile

샐러리악으로만 만든 아주 심플한 생지. 여기서는 넓게 편 반죽을 원형틀로 둥글게 찍어내어 구부린 다음, 재료를 올려 타코처럼 즐기도록 만들었다. 반죽을 너무 얇게 펴면 습기에 약해지므로 주의한다.

— 담당/하시모토 고이치(CELARAVIRD)

재료(24개 분량)

샐러리악 퓌레 500g

14

샐러리악 토르티야
Celeriac Tortilla

색	황금색 ●
촉감	파삭파삭 사박사박
보형성	있음
난이도	★★☆☆☆

만드는 방법

1. 샐러리악 퓌레를 만든다. 껍질을 벗기고, 알맞은 크기로 잘라 충분한 양의 뜨거운 물(분량 외)에 데친다.
2. 익으면 믹서에 옮기고 갈아, 퓌레를 만든다.
3. **2**를 500g 덜어, 실패드에 약 2㎜ 두께로 넓게 편다. 선풍기 바람으로 하룻밤 건조시킨다.
4. 지름 약 8㎝ 원형틀로 **3**의 반죽을 둥글게 찍어낸다. 그대로 사용할 수도 있지만 여기서는 재료를 위에 올릴 수 있도록 좌우를 둥글게 구부리고, 식품건조기 50℃에서 5~6시간 건조시킨 다음 사용한다.

가니시 사용 샘플

흰살생선
샐러리악 타코

샐러리악으로만 만든 생지를 토르티야처럼 만들어 흰살생선 튀김, 아이올리 소스, 포멜로 과육 등을 올려 타코 느낌의 핑거푸드로 완성했다. 샐러리악 생지는 섬세하여 먹을 때 부서지기 쉬운데, 모양을 구부러진 상태로 만들면 잡기 쉽고 입에 넣기 좋다. 흰살생선뿐 아니라 어패류, 고기 타르타르 등도 어울린다.

칩, 튀일 | Chips, Tuile

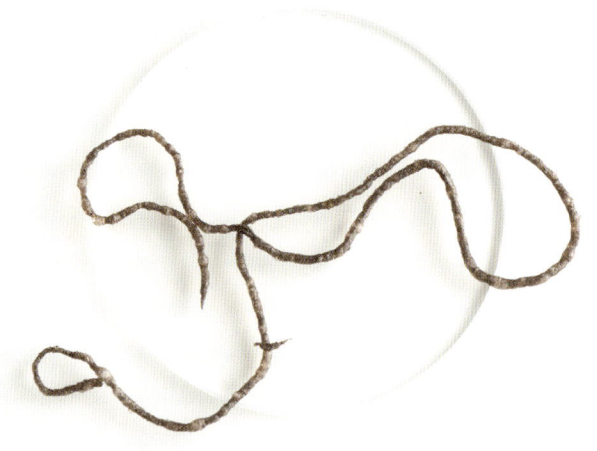

자유로운 형태의 곡선모양의 가니시는, 짤주머니로 반죽을 짜내어 튀긴 추로스다. 반죽에 몰트파우더와 타피오카 가루를 섞어서 만들기 때문에, 특유의 고소한 색감과 풍미가 특징으로 겉모습도 맛도 요리의 악센트로 훌륭하다.

— 담당/가토 준이치(L'ARGENT)

재료 (만들기 쉬운 분량)

박력분 50g
타피오카 가루 60g
소금 4g
몰트파우더(또는 다크코코아파우더) 15g
달걀흰자 100g

15

몰트 추로스
Roasted Malt Churros

색	진갈색 ●
촉감	파삭파삭
보형성	있음
난이도	★★★☆☆

만드는 방법

1. 재료를 모두 볼에 넣고, 가루 느낌이 없어질 때까지 고무주걱으로 골고루 섞는다.
2. **1**이 페이스트 상태가 되면, 지름 2~3㎝ 원형깍지를 끼운 짤주머니에 넣는다.
3. 170~180℃로 가열한 넉넉한 양의 식용유(분량 외)에 **2**를 짜 넣는다. 이때 자유로운 형태의 곡선모양으로 짜는 것이 비결이다.
4. 튀기기 시작할 때 기름 표면에 기포가 생기는데, 기포가 사라지면 건져낼 시점이다. 젓가락 등으로 건져내고 기름기를 제거한다.

가니시 사용 샘플

시마네 붕장어* 추로스

붕장어 튀김에 케일과 콜라비를 겹쳐 올리고, 그 위에 몰트 추로스를 얹은 일품요리. 「자연」을 연상시키는 추로스의 자유로운 곡선모양은, 가토 셰프가 요리경험을 쌓은 북유럽 미식문화의 세계에서는 아름다운 표현이다. 어떤 재료와도 어울리고, 고소함을 더하는 악센트로 훌륭한 아이템이다.

*크기가 큰 시마네현 특산 붕장어.

칩, 튀일 | Chips, Tuile

여러 종류의 향신료와 진한 향의 리큐어를 사용하여 만든 튀일로, 요리나 디저트에 풍미를 더하는 악센트로 활용할 수 있다. 굽기 전에는 수분량이 많고 묽은 반죽이지만, 구운 후에는 이 배합이 바삭하고 섬세한 식감을 선사한다.

— 담당/다카하시 유지로(LE SPUTNIK)

재료 (약 50개 분량)

박력분 120g / 그래뉴당 45g
소금 1.5g / 물 150g
녹인 버터(무염) 60g
아니스파우더 1.5g
시나몬파우더 1.5g
너트맥파우더 1.5g
정향파우더 1.5g
페르노* 150g
다크 럼 150g

*페르노
아니스를 비롯한 약 15가지 향신료로 만든 리큐르.

16

향신료 튀일
Tuile with Spices and Liqueur

색	황토색
촉감	파삭파삭 사박사박
보형성	있음
난이도	

만드는 방법

1. 재료 중에 가루 종류를 모두 볼에 넣고, 거품기로 골고루 섞는다. 액체 종류를 모두 넣고 다시 섞는다.
2. 원하는 틀에 붓는다. 여기서는 지름 약 6㎝ 원형 실리콘틀에 두께 1~2㎜로 매우 얇게 흘려 넣는다.
3. 100~120℃로 예열한 오븐에 1~2시간 굽는다. 굽는 시간은 두께에 따라 다르며, 표면에 노릇한 색이 들고 굳을 때까지가 기준이다.

가니시 사용 샘플

겐로쿠 고구마*
푸아그라
한라봉 향신료

향신료 4가지, 페르노, 다크 럼을 섞어서 만든 얇고 부드러운 식감의 튀일을 여러 장 겹치고, 그 사이에 고구마 크림, 푸아그라 무스, 체에 내린 반건시를 넣는다. 푸아그라를 다채로운 단맛, 향신료 향과 함께 즐기도록 완성했다. 향신료 배합을 바꾸거나, 향신료를 초콜릿으로 대체할 수 있어 응용 범위도 넓다.

*단맛이 강한 이시카와현 특산 고구마.

칩, 튀일 | Chips, Tuile

1㎜ 정도로 매우 얇게 구운 카카오 튀일. 여러 장 겹쳤을 때 생겨나는 파삭한 촉감으로 가벼움과 섬세함을 연출한다. 카카오파우더를 넣지 않고 구운 플레인 버전도 같은 방법으로 만들 수 있다.

— 담당/다카하시 유지로(LE SPUTNIK)

재료 (만들기 쉬운 분량)

박력분 40g
카카오파우더 15g
그래뉴당 125g
달걀 1개
달걀흰자 65g
녹인 버터(무염) 25g
물 25g

17

사각 튀일
Square Tuile

색　　　갈색 ●

촉감　　파삭파삭 사박사박

보형성　있음

난이도　★★☆☆☆

만드는 방법

1 박력분과 카카오파우더를 체로 친다.
2 그래뉴당, 달걀, 달걀흰자를 볼에 함께 넣고, 걸쭉해지지 않도록 골고루 섞는다. 녹인 버터를 넣고 섞는다.
3 **2**에 물을 넣어 섞고, **1**을 넣어 다시 골고루 섞는다.
4 전체가 잘 어우러지면 실패드에 1㎜ 두께로 넓게 편다. 구운 다음 잘라야 하므로, 실패드 전체에 넓게 펴 바르는 것이 좋다.
5 160℃로 예열한 오븐에 **4**를 실패드째 넣고 7~8분 굽는다. 적당한 크기로 잘라 사용하는데, 여기서는 가로세로 약 6㎝ 정사각형 모양으로 잘랐다.

가니시 사용 샘플

지바라 라테*
청견 캐모마일

초콜릿 파르페에 얼린 청견 소스를 겹쳐 올리고, 카카오 사각 튀일을 겹겹이 쌓는다. 튀일 사이에 캐모마일 풍미의 초콜릿 무스를 넣고, 초콜릿과 캐모마일 거품을 주위에 두른다. 튀일을 겹겹이 겹쳐, 가벼움과 함께 파이 같은 여러 겹의 촉감을 표현했다.

*카카오 40%인 VALRHONA사 초콜릿.

칩, 튀일 | Chips, Tuile

P.44와 같은 머랭 튀일이지만 재료, 만드는 과정에 차이가 있다. 여기서는 건조 달걀흰자를 넣었기에 장시간 믹싱해도 분리되지 않는, 다루기 쉬운 머랭을 만들었다. 또한 표면에 굴곡을 줘서 튀일 표정이 풍부해졌다.

— 담당/하시모토 고이치(CELARAVIRD)

재 료 (만들기 쉬운 분량)

달걀흰자 150g
알부미나* 10g
그래뉴당 150g
물 조금

*알부미나(Albumina)
SOSA사의 건조 달걀흰자. 난백파우더로 가열하지 않아도 가수성이 높고, 세밀하여 안정성이 높은 거품을 만들 수 있다.

18

머랭 튀일
Meringue Tuile

색   흰색 ○
촉감   사박사박
보형성   있음
난이도   ★★☆☆☆

만드는 방법

1. 달걀흰자와 알부미나를 볼에 함께 넣고 핸드블렌더로 섞는다.
2. 그래뉴당과 물을 냄비에 넣고, 118℃가 될 때까지 가열한다.
3. **1**의 내용물을 믹싱볼에 넣고 스탠드믹서로 섞는다. 거품이 생기면 118℃가 된 **2**를 넣고, 뿔이 뾰족하게 설 때까지 돌린다.
4. **3**을 실패드에 두께 2~3mm로 편다. 이대로도 좋지만, 여기서는 팔레트나이프로 표면에 울퉁불퉁한 굴곡 모양을 만들었다. 식품건조기에 65℃로 건조시킨다.
5. **4**를 적당한 크기로 잘라 사용한다.

가니시 사용 샘플

몽블랑?

비스킷 위에 밤 에스푸마를 짜내고 머랭 튀일로 주위를 완전히 덮어, 유럽 알프스의 가장 높은 산 몽블랑을 표현한 디저트다. 주위에 화이트초콜릿 아이스파우더를 뿌려, 현지의 설경이 떠오르도록 완성했다. 튀일은 표면을 일부러 울퉁불퉁하게 만들어, 자연스러운 분위기를 연출했다.

칩, 튀일 | Chips, Tuile

오븐에 건조하듯이 구워서 만든 머랭 튀일. 재료가 달걀흰자와 설탕뿐으로 매우 심플하고, 만들어두면 디저트나 프티 푸르를 준비할 때 유용한 가니시다. 큰 판 모양 그대로 크림 등을 사이에 넣어도 어울린다. — 담당/다부치 다쿠(S'ACCAPAU)

재료 (약 35개 분량)
머랭 밑준비
달걀흰자 60g
그래뉴당 30g
시럽
그래뉴당 90g
물 60g

19

머랭 튀일
Meringue Tuile

색 흰색 ○
촉감 사박사박
보형성 있음
난이도 ★★☆☆☆

만드는 방법
머랭 밑준비
달걀흰자와 그래뉴당을 믹싱볼에 함께 넣고, 뿔이 설 정도(90%)까지 충분히 휘핑한다.
시럽
그래뉴당과 물을 냄비에 넣고 가열한다. 그래뉴당이 녹고 118℃가 되면 불을 끈다.
완성
1 밑준비로 만든 머랭에 118℃로 가열한 시럽을 넣고, 믹서로 윤기가 날 때까지 돌려서 섞는다.
2 실패드에 두께 약 3mm로 넓게 편다. 80℃, 송풍 사용, 습도 0% 스팀컨벡션오븐에 하룻밤 건조하듯이 굽는다.
3 실패드에서 떼어내고, 적당한 크기로 잘라 사용한다.

〈가니시 사용 샘플은 p.19〉

쿠키, 비스킷 | Cookies, Biscuits

20 | 커브드 쿠키
Curved Cookies

21 | 그리시니
Grissini

22 | 해초 비스킷
Seaweed Biscuits

23 | 벌집 쿠키
Honeycomb-shaped Cookies

24 | 손모양 쿠키
Hand-shaped Cookies

25 | 버섯 사블레
Mushroom Sable

26 | 몰트 쿠키
Roasted Malt Cookies

27 | 은행잎 쿠키
Ginkgo-shaped Cookies

쿠키, 비스킷 | Cookies, Biscuits

기본 쿠키 반죽을, 반구형 실리콘틀 뒷면을 사용하여 활처럼 구부린 가니시. 그 위에 다른 가니시를 올려, 한입크기의 타르트 생지처럼 사용한다. 많이 만들어두면 프티 푸르나 전채 등에 활용할 수 있다. — 담당/가토 준이치(L'ARGENT)

재료 (만들기 쉬운 분량)

버터(무염) 300g
슈거파우더 160g
달걀 85g
박력분 530g
아몬드파우더 55g
소금 4g

20

커브드 쿠키
Curved Cookies

색	황토색
촉감	서벅서벅
보형성	있음
난이도	★★★☆☆

만드는 방법

1. 상온에 둔 버터를 볼에 담고, 슈거파우더를 넣어 섞는다.
2. **1**이 잘 어우러지면, 걸쭉해지지 않게 푼 달걀물을 조금씩 넣는다. 한번에 다 넣으면 액체와 고체가 분리되므로 주의한다.
3. **2**가 잘 어우러지면 체로 친 박력분, 아몬드파우더, 소금을 넣는다. 전체적으로 가루 느낌이 없어질 때까지, 점도가 생기지 않도록 가볍게 섞는다.
4. 비닐랩 등을 넓게 펴고, **3**의 반죽을 올린다. 위에 비닐랩을 1장 더 덮고 두께가 균일하게 3㎜가 되도록 밀대로 넓게 편다. 서늘한 곳에 하룻밤 휴지시킨다.
5. **4**의 비닐랩을 제거하고, 가로세로 3㎝ 정사각형모양으로 자른다.
6. 지름 약 3㎝ 반구형 실리콘틀을 뒤집어서, 반구 위에 **5**의 반죽을 1장씩 올린다. 170℃로 예열한 오븐에 7분 굽는다. 반죽의 네 모서리가 점차 늘어지며, 반구형 틀을 따라 활처럼 굽은 형태로 구워진다. 굽기가 끝나면 둥글게 솟은 면을 조금 깎아 잘 서게 만든다.

가니시 사용 샘플

다르질링 무스

식후에 즐기는 과자 미냐르디즈의 하나로 제공하는 메뉴. 활모양으로 구운 쿠키 생지에, 표면을 캐러멜로 코팅한 다르질링 무스(p.134)를 얹어 한입크기의 타르트처럼 즐기도록 완성했다. 위에 올리는 가니시는 쿠키 생지와 어울리도록 무스나 크림처럼 단맛과 농도가 있는 것이 좋다.

쿠키, 비스킷 | Cookies, Biscuits

피자 반죽으로 만든, 스틱모양의 빵「그리시니」의 끝부분을 성형하여 나뭇가지처럼 만든 재미있는 아이템이다. 그대로 먹어도 좋지만, 생햄 등의 가공육을 둘러 감아서 먹어도 맛있다.

— 담당/하시모토 고이치(CELARAVIRD)

재료 (100개 분량)

강력분(이와테현산「긴가노치카라」) 160g
중력분(난부코무기) 160g
드라이이스트 10g
물 190cc
소금 4g
대나무숯파우더(식용) 0.4g

21

그리시니
Grissini

색	연갈색
촉감	사박사박 파삭파삭
보형성	있음
난이도	★★☆☆☆

만드는 방법

1 대나무숯파우더 외의 재료를 모두 믹싱볼에 넣고, 스탠드믹서로 골고루 섞는다. 전체가 잘 어우러지면 손으로 한 덩어리로 뭉치고, 단단히 짠 젖은 면보를 덮어서 상온에 1시간 발효시킨다.
2 발효가 끝나면 펀치를 하여 가스를 빼내고, 다시 상온에 1시간 두어 발효시킨다.
3 2에 대나무숯파우더를 넣고 마블모양이 될 때까지 섞는다.
4 3의 반죽을 파스타머신으로 가로폭이 약 28㎝가 되도록 얇게 늘린다. 0.5~1㎝ 간격으로 반죽을 자른다. 자투리 반죽은 짧게 자른다.
5 4의 스틱 모양 반죽에 물(분량 외)을 묻히고, 자투리 반죽을 붙여 잔가지처럼 보이게 만든다.
6 200℃로 예열한 오븐에 4시간 굽는다.

가니시 사용 샘플

나무서리 목화

나뭇가지처럼 만든 그리시니에, 에르브 드 프로방스와 후추를 묻힌 라르도(돼지의 등쪽지방으로 만든 이탈리아식 베이컨)를 둘러 감아, 목화가지와 함께 코스의 전채로 제공한다. 목화 부분은 솜사탕으로 만들어서 먹을 수 있도록 연출했다. 그리시니는 라르도 외에 돼지고기 생햄, 오리 생햄 같은 짭짤한 가공육과도 궁합이 좋다.

쿠키, 비스킷 | Cookies, Biscuits

생선뼈 모양의 실리콘틀로 구운 비스킷. 틀 모양과 어울리게 직접 만든 해초가루, 멸치가루, 콜라투라(안초비 액젓)를 조합하여, 해산물의 감칠맛을 응축시킨 맛으로 완성했다. 해산물 요리에 토핑으로 훌륭하다. — 담당/다부치 다쿠(S'ACCAPAU)

재료 (만들기 쉬운 분량)

해초가루* 1g
멸치가루* 4g
박력분 15g
달걀흰자 16g
콜라투라 2g
그래뉴당 7g
버터(무염) 10g

*해초가루
염장다시마, 다시마, 미역(모두 적당량)을 믹서에 넣고 분쇄한 것.
*멸치가루
시판 이리코(쪄서 말린 잔멸치)를 믹서로 가루 상태를 만든 것.

22

해초 비스킷
Seaweed Biscuits

색	갈색
촉감	서벅서벅
보형성	있음
난이도	

만드는 방법

1. 재료를 모두 푸드프로세서에 넣고 섞는다.
2. 전체가 잘 어우러지면 한 덩어리로 뭉쳐서 보관용기에 넣고, 냉장고에서 1시간 정도 반죽을 휴지시킨다.
3. 2의 반죽을 밀대로 민다. 생선뼈 모양 실리콘틀(원하는 틀을 사용해도 좋다)에 넓게 깐다.
4. 3을 185℃, 송풍 사용, 습도 0% 스팀컨벡션오븐에 7분 굽는다.
5. 따뜻할 때 틀째로 생선뼈 양끝을 안쪽으로 둥글게 구부린다. 틀에서 떼어내고 사용한다.

가니시 사용 샘플

잿방어 성게알
해초 콜라투라

잿방어 타르타르에 달걀노른자 모양으로 만든 성게알을 올리고, 주위에 해초가루를 뿌린 다음 해초 비스킷을 곁들인, 해산물의 감칠맛이 풍부한 전채요리. 비스킷은 원하는 타이밍에 먹는데, 주재료인 잿방어에 씹는 맛과 응축된 감칠맛의 악센트를 주려고 했다. 잿방어, 성게알 외에도 해산물이면 다 어울린다.

쿠키, 비스킷 | Cookies, Biscuits

벌집 모양의 실리콘틀에 넣고 구운 쿠키. 기본적인 반죽이지만, 틀 모양에 따라 먹는 사람에게 시각적인 임팩트를 줄 수 있다. 벌집 모양의 틀을 사용할 때는, 구멍에 퓌레나 크림을 짜도 효과적이다.

— 담당/다부치 다쿠(S'ACCAPAU)

재료 (만들기 쉬운 분량)

박력분 50g
버터(무염) 30g
달걀흰자 25g
그래뉴당 30g

23

벌집 쿠키
Honeycomb-shaped Cookies

색	황토색
촉감	서벅서벅
보형성	있음
난이도	★ ☆ ☆ ☆ ☆

만드는 방법

1. 재료를 모두 푸드프로세서에 넣고 섞는다.
2. 전체가 잘 어우러지면 한 덩어리로 뭉쳐서 비닐랩으로 감싸고, 냉장고에서 1시간 정도 반죽을 휴지시킨다.
3. **2**의 반죽을 밀대로 민다. 원하는 틀에 넓게 깐다. 여기서는 벌집 모양 실리콘틀에 넣었다.
4. 160℃, 송풍 사용, 습도 0% 스팀컨벡션오븐에 10분 굽는다.
5. 틀에서 떼어내고 사용한다.

가니시 사용 샘플

망고 바나나
패션프루트 코코넛
꿀 리코타

망고, 패션프루트 등 열대과일과 꿀을 섞어 만든 젤라토를 그릇에 담고, 벌집 모양의 쿠키를 곁들인다. 쿠키 구멍 곳곳에 리코타 크림을 짜 올려 맛과 겉모습에 악센트를 준다. 기본적인 쿠키 반죽이지만, 틀에 따라 임팩트를 줄 수 있는 가니시로 효과적이다.

쿠키, 비스킷 | Cookies, Biscuits

「티라미수」의 뜻인 이탈리아어 「Tirare mi su(나를 끌어 올리다)」에서 착안하여, 손모양으로 구운 쿠키. 반죽의 배합이나 만드는 방법은 p.52 「벌집 쿠키」와 기준이 동일하다. 완성 모양에 따라 틀 모양의 연구가 필요하다.

— 담당/다부치 다쿠(S'ACCAPAU)

재료(만들기 쉬운 분량)

박력분 50g
버터(무염) 30g
달걀흰자 25g
그래뉴당 30g

24

손모양 쿠키
Hand-shaped Cookies

색	황토색
촉감	파삭파삭 사박사박
보형성	있음
난이도	

만드는 방법

1. 재료를 모두 푸드프로세서에 넣고 섞는다.
2. 전체가 잘 어우러지면 한 덩어리로 뭉쳐서 비닐랩으로 감싸고, 냉장고에서 1시간 정도 반죽을 휴지시킨다.
3. **2**의 반죽을 밀대로 민다. 손모양 틀(원하는 틀을 사용해도 좋다)에 얇게 깐다.
4. 160℃, 송풍 사용, 습도 0% 스팀컨벡션오븐에 10분 굽는다.
5. 틀에서 떼어내고 사용한다.

가니시 사용 샘플

티라미수!?

이탈리아에서 탄생한 디저트「티라미수」는「나를 끌어 올려줘!」라는 의미다. 그 의미에 맞도록 티라미수에 카카오 튀일을 겹쳐 올리고, 구멍에 손모양 쿠키를 꽂아 연출했다. 벌집 쿠키(p.52)와 마찬가지로 기본적인 쿠키 반죽이지만, 형태에 변화를 주는 것만으로 인상이 크게 바뀌는 좋은 예다.

쿠키, 비스킷 | Cookies, Biscuits

기본 사블레 반죽에 건조 버섯가루를 넣은, 요리에 활용할 수 있도록 완성한 짭짤한 사블레. 조합하는 가루로는 구운 버섯으로 고소함을 내도 좋고, 다른 채소를 사용해도 좋다.

— 담당/가토 준이치(L'ARGENT)

재료 (만들기 쉬운 분량)

사블레 베이스
박력분 220g
콘스타치 13g
베이킹파우더 1g
소금 4g
버터(무염) 75g

완성
그래뉴당 35g
건조 버섯가루* 15g
달걀 1개

*건조 버섯가루
양송이버섯을 손질하고, 식품건조기 60℃에 2일 건조시킨 후 믹서에 갈아 가루 상태로 만든 것.

25

버섯 사블레
Mushroom Sable

색	갈색 ●
촉감	서벅서벅
보형성	있음
난이도	★★☆☆☆

만드는 방법

사블레 베이스
재료를 모두 볼에 넣고, 양손으로 반죽을 비비면서 으깨어 잔모래 상태로 만든다. 여기서는 박력분을 사용했지만 강력분도 좋다. 박력분은 사르르 부서지는 촉감, 강력분은 한 번에 잘라지는 강한 촉감으로 완성된다.

완성
1. 잔모래 상태로 만든 사블레 베이스에 준비한 재료(그래뉴당, 건조 버섯가루, 달걀)를 넣고 섞는다.
2. 1이 잘 어우러지면 한 덩어리로 뭉쳐서, 비닐랩으로 감싸고, 냉장고에서 하룻밤 휴지시킨다.
3. 2를 두께 2㎜로 넓게 편 다음 원하는 모양의 틀로 찍어낸다. 170℃로 예열한 오븐에 8분 굽는다. 틀의 크기나 모양에 맞춰 굽는 시간을 조절한다.

가니시 사용 샘플

교토 나나타니 토종닭

말린 버섯 풍미를 입힌 사블레 생지 사이에, 교토 가메오카 농장에서 사육하는 「나나타니 토종닭」의 하얀 간으로 만든 페이스트를 넣는다. 위에는 카시스 파우더(p.85)를 뿌려서, 샴페인 등과 함께 맛보는 코스의 전채로 제공한다. 사블레에 말린 버섯 풍미를 입혔는데, 향이 있는 채소라면 무엇이든 대체할 수 있다.

쿠키, 비스킷 | Cookies, Biscuits

몰트파우더를 넣어 다크브라운으로 완성한 랑그 드 샤 생지. 디저트에 고소함을 더한다. 여기서는 나뭇가지 모양의 틀에 넣고 구웠지만, 굽는 시간만 조절하면 모양, 크기, 두께 등 자유자재로 응용할 수 있다. — 담당/가토 준이치(L'ARGENT)

재료(만들기 쉬운 분량)

녹인 버터(무염) 100g
달걀흰자 100g
슈거파우더 80g
박력분 100g
몰트파우더(또는 다크코코아파우더) 20g

26

몰트 쿠키
Roasted Malt Cookies

색	진갈색 ●
촉감	사박사박
보형성	있음
난이도	★★☆☆☆

만드는 방법

1. 녹인 버터, 달걀흰자를 볼에 넣고 골고루 섞는다.
2. 1의 볼에 슈거파우더, 박력분, 몰트파우더 순서로 넣고, 넣을 때마다 골고루 섞어서 덩어리지지 않도록 주의한다.
3. 2를 한덩어리로 뭉쳐서, 비닐랩으로 감싸고 냉장고에서 하룻밤 휴지시킨다.
4. 3을 원하는 틀에 넣는다. 여기서는 나뭇잎 모양의 실리콘틀에 약 2㎜ 두께로 넣었다. 180℃로 예열한 오븐에 6분 가열한다. 틀에서 떼어내고, 상온에 식힌 다음 사용한다.

가니시 사용 샘플

북유럽의 겨울

럼레이즌 아이스크림 위에 화이트초콜릿 아이스파우더와 바닐라파우더를 뿌리고, 마른 가지를 표현한 몰트 쿠키를 곁들여, 북유럽의 겨울 풍경을 연상시키는 디저트로 완성했다. 특유의 고소한 풍미와 진한 갈색이 포인트다. 몰트파우더가 구하기 어렵다면 코코아파우더로 대체해도 좋다.

쿠키, 비스킷 | Cookies, Biscuits

직접 만든 밤 페이스트를 사용하여 바삭한 식감의 쿠키를 만든다. 페이스트 재료를 바꾸면 맛의 응용 범위는 무한하다. 직접 만든 틀을 사용하므로, 모양도 얼마든지 바꿀 수 있다.

— 담당/다카하시 유지로(LE SPUTNIK)

재료 (만들기 쉬운 분량)

밤 페이스트
밤(껍질 제거) 700g
물 적당량
그래뉴당 120g

완성
밤 페이스트 300g
달걀흰자 60g
버터(무염) 60g
박력분 15g
말차가루 적당량

27

은행잎 쿠키
Ginkgo-shaped Cookies

색	노란색 연두색
촉감	파삭파삭 사박사박
보형성	있음
난이도	★★☆☆☆

만드는 방법

밤 페이스트
1. 밤 겉껍질에 칼로 칼집을 넣고, 트레이에 나란히 올린 다음 비닐랩을 씌운다.
2. 100℃, 송풍 없음, 습도 100% 스팀컨벡션오븐에 1시간 가열한다.
3. 2를 반으로 나누고, 속을 숟가락으로 파낸다.
4. 냄비에 3을 넣고, 잠길 만큼 물을 부은 다음 부드러워질 때까지 삶는다.
5. 4에 그래뉴당을 넣고, 수분이 날아갈 때까지 가열한다.
6. 5를 푸드프로세서에 넣고 페이스트 상태가 될 때까지 돌린 다음, 체에 거른다.

완성
1. 볼에 밤 페이스트를 담고, 달걀흰자를 넣어 섞는다. 체온 정도로 데워 녹인 버터를 넣고 섞는다.
2. 1에 체로 친 박력분을 넣고, 다시 섞는다.
3. 2를 반으로 나누어서 반은 그대로, 반은 말차가루를 넣고 섞어 연두색 페이스트를 만든다.
4. 원하는 모양의 틀을 올린 실패드에 3의 페이스트 2종류를 팔레트나이프로 펴 바른다. 여기서는 은행잎 모양으로 자른 우유팩을 틀로 사용했다.
5. 4를 오븐팬에 올리고, 130℃로 예열한 오븐에 15분 가열한다.
6. 굽기가 끝나면 오븐에서 꺼내어 식히고, 실패드에서 떼어낸 다음 사용한다.

가니시 사용 샘플

'은행잎' 일본밤 서양배 초콜릿

서양배 무스와 콩포트를 접시에 담고 통 카콩(쿠마린 향을 지닌 길쭉한 모양의 콩) 아이스크림, 밤 페이스트를 겹쳐 올린다. 여기에 2가지 색의 은행잎 쿠키를 꽂고, 밑에는 카카오 크럼블을 깔아 가을 느낌의 디저트로 완성한다. 쿠키는 틀을 바꾸면 모양이 자유자재이며, 밤 또한 고구마, 호박 등 단맛 나는 재료라면 동일한 방법으로 만들 수 있다.

시트 | sheets

28 엘라스틱 시트
Elastic Sheets

29 에스프레소 아가 시트
Agar Sheets with Espresso Flavor

30 토마토 아가 시트
Agar Sheets with Tomato Flavor

31 한천 시트
"KANTEN" Agar Sheets

32 젤리 시트
Jelly Sheets

33 규히 시트
"GYUHI" Rice Cake

34 미니 피아디나
Mini "Piadina"

35 레더
"Leather"

36 돼지감자 시트
"KIKUIMO" Sheets

37 초리조 시트
Chorizo Sheets

시트 | sheets

응고제 「엘라스틱」을 사용하여 만든, 탄력성과 신전성(늘어나는 성질)을 지닌 젤리시트. 투명하게 완성되는 것도 특징으로, 이 특징을 살리기 위해서라도 젤리로 만들 때는 색이 탁해지지 않는 재료를 사용하는 것이 좋다.

— 담당/다부치 다쿠(S'ACCAPAU)

재료(약 30개 분량)

쌀식초 150g
그래뉴당 140g
소금 6g
콜라투라 2g
영귤 과즙 6개 분량
영귤 껍질 6개 분량
월계수잎 2장
펜넬시드 1.5g
물 300g
엘라스틱* 4g

*엘라스틱
SOSA사의 응고제. 응고시키면 탄력성 있는, 가볍게 당겨도 잘 찢어지지 않는 젤리 상태의 막을 만들 수 있다.

28

엘라스틱 시트
Elastic Sheets

색 투명 ○

촉감 매끈매끈 탱글탱글

보형성 있음

난이도 ★★☆☆☆

만드는 방법

1. 엘라스틱 외의 재료를 모두 냄비에 넣고 불에 올린다. 끓고 향이 나기 시작하면 불을 끈다.
2. 한김 식으면 냉장고에 하룻밤 두어 액체에 향이 배게 한다.
3. 다음날, **2**를 고운 체에 내린다. 내린 액체를 냄비에 담고, 엘라스틱을 넣어 골고루 섞은 다음, 불에 올린다.
4. 끓으면 불을 끄고, 트레이에 얇게 붓는다. 여기서는 약 2㎜ 두께로 붓는다.
5. **4**가 완전히 굳으면 지름 약 7㎝ 원형틀(원하는 모양의 틀 또는 원형틀도 좋다)로 찍어내고 사용한다.

가니시 사용 샘플

대게 적피망
당근 양파
브로콜리 콜라투라

발라낸 대게살을 접시 가운데 원형으로 올리고, 화려한 색의 식용꽃과 허브를 곁들인다. 그 위에 투명한 엘라스틱 시트를 올려 색깔이 드러나게 하고 신맛, 감칠맛, 보들보들한 촉감을 더하여 완성한다. 주변 점들은 적피망, 당근, 양파 등의 채소를 각각 퓌레로 만든 것이다.

시트 | sheets

에스프레소 커피와 겔화제만으로 만든 윤기 나는 시트. 디저트는 물론, 전채나 메인 디시에 쌉쌀한 맛을 더하는 악센트로도 사용할 수 있다. 에스프레소 농도나 시트 크기로 맛의 강도를 조절해도 좋다. — 담당/다카하시 유지로(LE SPUTNIK)

재료(약 20장 분량)

에스프레소 커피 300g
에이스 아가* 36g

*에이스 아가
JELLICE사의 겔화제. 무미무취로 매우 투명한 젤리를 만들 수 있다.

29

에스프레소 아가 시트

Agar Sheets with Espresso Flavor

만드는 방법

1. 에스프레소 머신으로 에스프레소 커피를 추출한다.
2. 1을 냄비에 담고 에이스 아가를 넣어 섞는다. 불에 올린다.
3. 끓기 직전까지 온도가 오르면(80℃ 내외) 불을 끄고, 오븐팬에 두께 1~2㎜로 붓는다. 상온에 두고 굳힌다.
4. 굳으면 적당한 크기로 잘라 사용한다. 여기서는 가로세로 10㎝로 네모나게 잘랐다.

색	갈색 투명 
촉감	말랑말랑 매끈매끈
보형성	있음
난이도	★★☆☆☆

가니시 사용 샘플

푸아그라 에스프레소 오렌지 팽 데피스

고소하게 구운 색을 낸 푸아그라 푸알레에 오렌지 잼을 올리고, 에스프레소 아가 시트를 씌운 일품요리. 파우더 상태로 만든 팽 데피스를 듬뿍 뿌리면, 향신료의 풍미와 아가 시트의 쌉쌀함으로 푸아그라를 더욱 맛있게 즐길 수 있다. 여기서는 따뜻한 전채로 완성했지만 디저트로도 활용할 수 있다.

시트 | sheets

토마토 추출액에 겔화제를 넣고 굳힌 시트. 투명하면서도 토마토의 감칠맛, 단맛, 신맛이 제대로 느껴진다. 여기서는 시트로 만들었는데, 깊은 그릇에 식혀서 굳히면 떠먹는 토마토 젤리가 된다.

— 담당/다카하시 유지로(LE SPUTNIK)

재료 (약 10장 분량)

토마토 추출액 300g
소금 적당량
에이스 아가* 36g

*에이스 아가
JELLICE사의 겔화제. 무미무취로 매우 투명한 젤리를 만들 수 있다.

30

토마토 아가 시트

Agar Sheets with Tomato Flavor

색	투명 ○
촉감	말랑말랑 매끈매끈
보형성	있음
난이도	★★☆☆☆

만드는 방법

1 토마토 추출액을 만든다. 토마토를 적당한 크기로 잘라 믹서에 간다.
2 1을 키친페이퍼를 깐 체에 붓고, 하룻밤 냉장고에 둔다. 토마토즙의 무게로 자연히 걸러지도록 기다린다.
3 2의 토마토 추출액을 냄비에 담고 소금, 에이스 아가를 넣어 섞는다. 불에 올려 끓기 직전까지 온도를 올린다.
4 3을 데워 놓은 트레이에 1~2mm 두께로 붓고, 상온에 굳힌다.
5 굳으면 적당한 크기로 자른다.

가니시 사용 샘플

매오징어 산나물 토마토 초피

매오징어와 고비, 초피, 머위 등의 산나물을 토마토 아가 시트로 월남쌈처럼 감싼 일품요리. 봄이 느껴지는 식재료의 쌉쌀함을 토마토의 단맛, 신맛, 감칠맛으로 감싸서 보다 먹기 좋게 완성하였으며, 이 시트가 소스 역할을 한다. 토마토 추출액을 일본풍 다시, 식초 등으로 대체해도 맛있게 완성된다.

시트 | sheets

겔화제 「아가아가」로 만든 오렌지의 신맛과 단맛을 지닌 시트. 젤라틴보다 점성과 신전성(늘어나는 성질)은 조금 약하지만 씹는 맛이 좋고, 다른 촉감의 식재료와 조합해도 잘 어우러지는 것이 특징이다. — 담당/다부치 다쿠(S'ACCAPAU)

재료 (12장 분량)

오렌지 과즙 100g
오렌지 농축액 70g
화이트발사믹 식초 10g
그래뉴당 10g
아가아가* 전체 분량의 1.2%

*아가아가
SOSA사의 겔화제. 상온 근처에서 응고하기 때문에 식혀서 굳힐 필요가 없다.

31

한천 시트
"KANTEN" Agar Sheets

색
　　오렌지색 투명

촉감
　　매끈매끈 반들반들

보형성
　　있음

난이도
　　★ ★ ☆ ☆ ☆

만드는 방법

1. 오렌지를 짠다. 오렌지 농축액을 볼에 담고, 짜낸 오렌지 과즙을 체로 거르면서 넣는다. 화이트발사믹 식초와 그래뉴당을 넣고 섞는다.
2. 1을 냄비에 옮기고, 1.2% 분량에 해당하는 겔화제를 넣어 섞은 다음 가열한다. 끓으면 불을 끄고 트레이에 얇게 붓는다. 여기서는 약 2㎜ 두께로 붓는다.
3. 상온에서도 굳지만, 빨리 굳혀야 할 경우 냉장고에 넣고 식혀서 굳힌다.
4. 굳으면 적당한 크기로 잘라 사용한다. 여기서는 약 6㎝×약 12㎝ 직사각형 모양으로 잘랐다.

가니시 사용 샘플

정어리 오렌지 펜넬

오렌지 풍미의 한천 시트 아래에는 3장 뜨기하고, 마리네이드하여 껍질째 고소하게 구운 정어리살과, 바삭하게 구운 등뼈가 숨어 있다. 그 밑에는 채썬 햇양파를 깔아 양파의 단맛과 오렌지의 신맛으로 정어리를 더욱 맛있게 먹도록 완성했다. 오렌지 시트는 디저트뿐 아니라 여기서처럼 생선이나 전채에도 활용할 수 있다.

시트 | sheets

손으로 집을 수 있을 만큼 단단한 질감의 젤리 시트. 재료는 서양배 주스, 겔화제가 전부인데, 서양배가 아니어도 신맛이 적은 과즙이라면 응고되므로 응용하기 쉽다.
— 담당/가토 준이치(L'ARGENT)

재료(만들기 쉬운 분량)

서양배 주스(시판품) 1ℓ
이나아가* 18g

*이나아가
이나식품공업(주)의 겔화제. 젤라틴과 달리, 냉장고에서 식히지 않아도 상온에서 응고되며 쉽게 분리되지 않는다.

32

젤리 시트
Jelly Sheets

색	연노란색 반투명
촉감	말랑말랑
보형성	있음
난이도	★★☆☆☆

만드는 방법

1. 서양배 주스를 냄비에 넣고 가열한다. 끓으면 불을 끈다.
2. 1에 겔화제를 덩어리지지 않게 조금씩 넣으면서 골고루 섞고, 끓여서 녹인다.
3. 겔화제가 녹으면 트레이에 두께 2mm로 붓고 그대로 가만히 둔다. 40℃ 전후에서 젤리 상태로 굳는다.
4. 원하는 모양으로 잘라서 사용한다. 여기서는 지름 약 8cm 원형틀로 찍어내고 사용했다.

가니시 사용 샘플

줄무늬전갱이*

요리 이름에서도 알 수 있듯이 주인공은 젤리 시트 아래에 덮여 있는 줄무늬전갱이 카르파초다. 젤리이면서 반투명한 특징을 살려서 주재료를 덮어 감추면, 먹는 사람에게 「안에 무엇이 있을까」하는 호기심을 자극하는 시각적 효과를 노릴 수 있다. 위에는 유자즙 거품(p.136)을 얹어, 청량감으로 해산물을 더욱 맛있게 즐길 수 있는 차가운 전채로 완성했다.

*단맛이 좋고 식감이 쫄깃한 에히메현 특산 줄무늬전갱이를 사용했다.

시트 | sheets

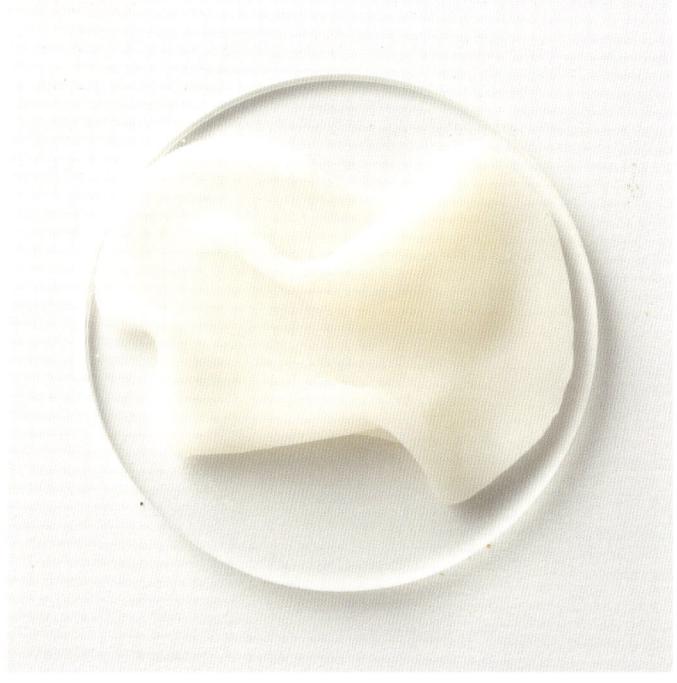

쫀득한 촉감의 시트. 규히(백옥분 또는 찹쌀가루에 설탕이나 물엿을 넣어 반죽한 것)를 재료로 사용하여 포만감이 느껴지므로, 일부러 얇게 늘려 무겁지 않게 만드는 것이 포인트다. 색소를 첨가하는 등 변화를 줄 수 있지만, 특유의 식감은 규히가 아니면 표현할 수 없다.

— 담당/다카하시 유지로(LE SPUTNIK)

재료(만들기 쉬운 분량)

백옥분* 120g
물 240g
그래뉴당 107g
콘스타치 적당량

*백옥분
찹쌀가루를 물에 침전시켜서 말린 가루이다. 요리용, 제과용으로 사용한다.

33

규히 시트
"GYUHI" Rice Cake

색	흰색
촉감	쫄깃쫄깃 보슬보슬
보형성	있음
난이도	★★☆☆☆

만드는 방법

1 콘스타치 외의 재료를 내열볼에 함께 넣고 골고루 섞는다. 500W 전자레인지에 1분 30초 가열한다. 고무주걱으로 가볍게 골고루 섞고, 다시 1분 더 가열한다.
2 덧가루로 콘스타치를 뿌리면서 **1**의 반죽을 밀대로 넓게 편다. 오븐시트 사이에 끼워 넣고 두께 3㎜로 민다. 냉장고에 식힌다.
3 적당한 크기로 잘라 사용한다.

가니시 사용 샘플

'사쿠라모찌' 겹벚꽃 아마오우* 캐모마일 생강

이탈리안 머랭으로 만든 공모양 그릇 안에 녹차 비스킷, 딸기 등을 담고 벚꽃 아이스크림을 얹은 후 규히 시트로 덮는다. 여기에 표면에 시럽을 발라 파삭하게 완성한 벚꽃나무의 잎절임을 곁들여, 사쿠라모찌를 연상시키는 디저트로 완성한다. 규히 시트는 너무 무겁게 느껴지지 않도록 얇게 만든다.

*후쿠오카현에서 생산되는 딸기.

시트 | sheets

지름 10cm 정도의 무발효빵 생지는 이탈리아 로마냐 지방의 전통요리로, 「피아디나」라는 이름으로 친숙하다. 타코처럼 재료를 올려서 먹는데, 현지에서는 살라미 종류와 치즈 조합이 친숙하다.

— 담당/다부치 다쿠(S'ACCAPAU)

재료 (약 10장 분량)

이탈리아 00밀가루 80g
드라이이스트 0.08g
소금 1.5g
물 48g
라드 4g

34

미니 피아디나
Mini "Piadina"

색	흰색 연갈색
촉감	쫄깃쫄깃 보슬보슬
보형성	있음
난이도	★★☆☆☆

만드는 방법

1. 재료를 모두 믹싱볼에 담고, 고무주걱으로 액체와 가루를 골고루 섞는다.
2. 1이 잘 섞이면 볼째로 스탠드믹서에 세팅하여, 중속으로 10분 돌려 반죽한다. 없으면 손으로 반죽해도 좋다.
3. 2를 믹서에서 꺼내고, 1일 동안 서늘한 곳에서 휴지시킨다.
4. 3의 반죽을 파스타머신으로 여러 번 돌려 점차 얇게 늘려간다.
5. 4를 약 2mm 두께가 될 때까지 늘리고, 반죽이 줄어들지 않을 정도까지 표면을 상온에 건조시킨다. 지름 약 10cm 원형틀로 찍어낸다.
6. 프라이팬을 달구고, 약불로 5의 양쪽면에 구운 색이 들 때까지 굽는다. 바로 사용하지 않을 경우, 마르지 않도록 여러 장 겹친 다음 랩으로 싸서 보관한다.

가니시 사용 샘플

피아디나 소고기 은두야 리코타 코리앤더

이탈리아 로마냐 지방에 전해지는 무발효빵「피아디나」. 타코처럼 좋아하는 재료를 토핑하여 생지로 감싸서 먹는다. 여기서는 소안심 라구에 매운맛 나는 소시지 은두야, 리코타 등을 조합하여 매콤달콤하게 완성했다. 생햄, 부라타 등 햄 또는 살라미 종류와 치즈의 궁합이 훌륭하다.

시트 | sheets

북유럽 미식의 세계에 「레더」라는 이름으로 널리 알려진 시트. 응고제 등을 사용하지 않고, 사과에 함유된 펙틴의 작용으로 재료를 굳힌다. 펙틴을 많이 함유한 과일이라면 사과가 아니어도 좋다.

— 담당/가토 준이치(L'ARGENT)

재료 (만들기 쉬운 분량)

볶은 양파 500g
사과(가열한 것) 500g

35

레더
"Leather"

색	연노란색 반투명 
촉감	매끈매끈 끈적끈적
보형성	있음
난이도	★★★☆☆

만드는 방법

1 양파를 얇게 썰어서 식용유(분량 외)를 두른 냄비에 타지 않도록 뭉근히 볶는다. 이 가니시는 마지막에 식혀서 사용하기 때문에, 식물성오일을 사용하는 것이 좋다.
2 **1**의 양파가 숨이 죽으면 믹서로 간다.
3 사과 껍질을 벗기고, 심을 제거한 다음 적당한 크기로 자른다. 내열용기에 넣고 전자레인지에 가열하여 부드럽게 만든다.
4 **3**을 믹서로 간다.
5 **2**와 **4**를 같은 양으로 맞춰 믹서에 넣고 페이스트 상태를 만든 다음, 여과기로 거른다.
6 실패드 위에 **5**의 페이스트를 두께 1~2㎜가 되도록 스크레이퍼 등으로 편다. 여기서는 약 15㎝×약 35㎝ 직사각형으로 늘리는데, 이때 실패드 가장자리를 잘라서 모양을 다듬기 위한 틀로 사용한다.
7 **6**을 선풍기 등의 바람에 상온에서 하룻밤 건조시킨다.
8 실패드에서 떼어내고, 적당한 크기로 잘라 사용한다. 여기서는 가로세로 약 9㎝의 정사각형으로 잘랐다.

가니시 사용 샘플

이와테 뿔닭

담백하면서도 고급스러운 감칠맛을 지닌 뿔닭 가슴살 구이에, 양파와 사과로 만든 레더를 덮고 트러플 소스를 곁들인 메인 디시. 레더로 고기를 감추어 시각적인 임팩트를 주는 동시에 감칠맛, 단맛, 신맛을 보강하여, 전체적으로 맛에 깊이를 더한다. 양파 외에도 사과와 궁합이 좋은 채소라면 대체할 수 있다.

시트 | sheets

향을 그릇 안에 가두기 위해, 「밀폐성이 높은 동시에 맛있게 먹을 수 있는 시트」로 고안한 가니시. 마지막에 표면을 토치로 그을리기 때문에(사진은 그을리기 전) 젤라틴이 아닌, 가열에 강한 겔화제를 사용하여 응고시킨다.

— 담당/가토 준이치(L'ARGENT)

재 료(만들기 쉬운 분량)

돼지감자 1.25kg
물 300g
화이트와인 300g
해바라기씨유 125g
소금 1g
그래뉴당 150g
아가아가* 전체 분량의 0.8%

*아가아가
SOSA사의 겔화제. 상온 근처에서 응고하기 때문에 식혀서 굳힐 필요가 없다.

36

돼지감자 시트
"KIKUIMO" Sheets

색 — 연노란색 반투명

촉감 — 매끈매끈 끈적끈적

보형성 — 있음

난이도 — ★★★★★

만드는 방법

1. 깨끗이 씻은 돼지감자를 껍질째 슬라이서로 자른다.
2. 냄비에 1을 담고 물, 화이트와인, 해바라기씨유, 소금, 그래뉴당을 넣어 중불로 가열한다.
3. 2가 끓기 시작하면 약불로 줄이고 뚜껑을 덮어, 돼지감자가 부드러워질 때까지 삶는다.
4. 3을 믹서에 옮기고 섞는다. 퓌레 상태가 되면 다시 냄비에 옮겨서 끓인다.
5. 4의 0.8% 분량에 해당하는 겔화제를 조금씩 넣는다. 이때 잠깐 동안 끓는 상태를 유지한다.
6. 5를 트레이 등에 붓고, 상온에서 식힌다. 탱탱하게 굳으면 믹서에 옮겨 부드러워질 때까지 섞는다. 체에 걸러서 더욱 부드럽게 만든다.
7. 실패드 위에 6의 페이스트를 두께 1~2mm가 되도록 스크레이퍼 등으로 편다. 여기서는 약 20cm×약 40cm 직사각형으로 늘리는데, 실패드 가장자리를 잘라서 모양을 다듬기 위한 틀로 사용한다.
8. 7을 선풍기 등의 바람에 상온에서 하룻밤 건조시킨다.
9. 시트를 실패드에서 떼어내고, 가로세로 약 20cm 정사각형으로 자른다. 여기서처럼 그릇을 덮도록 그릇 테두리에 붙이고, 제공 직전에 표면을 토치로 그을려서 고소함을 더한 다음 사용하는 경우가 많다.

가니시 사용 샘플

군고구마

고구마와 사바용(달걀노른자, 설탕, 알코올을 섞어 만든 크림)을 담은 그릇에 군고구마향이 밴 훈제연기를 주입하고, 돼지감자 시트로 덮은 후 표면을 그을려서 제공한다. 손님이 직접 시트를 갈라, 안에서 피어오르는 향을 즐길 수 있다. 응고제로 겔화제를 사용하면 시트를 만드는 식재료 성분에 제한이 없으므로 돼지감자 외의 재료로도 완성할 수 있다.

시트 | sheets

토마토 통조림과 초리조만의 심플한 재료로 만든 시트. 매트한 질감으로 만들어 요리에 올렸을 때 다른 액체와 섞이지 않을 뿐 아니라, 매운맛과 신맛을 충분히 지녀서 맛에 악센트를 준다.

— 담당/하시모토 고이치(CELARAVIRD)

재료 (만들기 쉬운 분량)

초리조(시판품) 250g
홀토마토(통조림) 1개

37

초리조 시트
Chorizo Sheets

색	주홍색
촉감	보슬보슬
보형성	있음
난이도	

만드는 방법

1. 홀토마토(통조림)의 씨를 제거하여 냄비에 담고, 알맞은 크기로 자른 초리조를 넣어 불에 올린다.
2. 30분 정도 끓인 다음 불을 끄고, 블렌더에 옮겨서 퓌레 상태가 될 때까지 섞는다.
3. **2**를 체로 거르지 않고 실패드에 두께 1mm로 넓게 편다. 선풍기 등의 바람으로 하룻밤 건조시킨다.
4. **3**을 알맞은 크기로 자른다. 여기서는 가로세로 약 5㎝ 정사각형으로 자르고, 요리(p.83)에 들어가는 시트 속 아귀 일러스트를 레이저커터로 새겼다.

가니시 사용 샘플

아귀 초리조

아귀살 겉면에 가늘게 썬 감자를 입혀서 바삭하고 고소하게 굽는다. 여기에 양파 소스, 훈제 베이컨 풍미 거품(p.137)을 함께 넣고 초리조 시트를 곁들인다. 초리조와 토마토의 매운맛과 신맛이 악센트가 되어 더욱 맛있다. 시트에는 마무리로 레이저커터를 사용하여 아귀 일러스트를 새겼다.

파우더, 크럼블 | Powder, Crumble

38 | 카시스파우더
Cassis Powder

39 | 블랙올리브 크럼블
Black Olive Crumble

40 | 말린 채소파우더
Vegetable Powder

41 | 흑마늘파우더
Black Garlic Powder

42 | 요구르트 크럼블
Yogurt Crumble

43 | 그린 아이스파우더
Green Ice Powder

44 | 가스파초 아이스파우더
Ice Powder with Gazpacho Flavor

45 | 발효파우더
Fermented Powder

46 | 요구르트 아이스파우더
Yogurt Ice Powder

카시스 베리를 건조시켜서 갈기만 하면 완성되는, 매우 심플한 파우더. 카시스는 건조시켜도 섬세한 신맛이 남기 때문에, 요리나 디저트에서 신맛을 더하는 악센트 역할을 한다. p.57 가니시 사용 샘플처럼 지방분을 가진 고기 등의 재료와 궁합이 좋다.

— 담당/가토 준이치(L'ARGENT)

재료 (만들기 쉬운 분량)

카시스 베리 200g

38

카시스파우더
Cassis Powder

색	붉은색 ●
촉감	보슬보슬
보형성	있음
난이도	★ ☆ ☆ ☆ ☆

만드는 방법

1 카시스 베리를 식품건조기에 넣고, 3일 동안 수분을 충분히 날린다.
2 1을 믹서로 갈아, 고운 파우더 상태를 만든다.

〈가니시 사용 샘플은 p.57〉

파우더, 크럼블 | Powder, Crumble

블랙올리브와 바게트를 건조시키고, 튀긴 양파와 함께 섞어 크럼블 상태로 만든 가니시. 흙처럼 보이게 하거나 고기요리, 생선요리에 곁들이는 짭짤한 맛의 악센트로 하는 등, 겉모습도 맛도 활용성이 높은 가니시다.

— 담당/하시모토 고이치(CELARAVIRD)

재료 (만들기 쉬운 분량)

양파 2개
건조 블랙올리브 300g
바게트 800g

39

블랙올리브 크럼블

Black Olive Crumble

색	진갈색 ●
촉감	거슬거슬
보형성	있음
난이도	★★☆☆☆

만드는 방법

1. 양파를 얇게 썰어 160℃로 가열한 식용유(분량 외)에 바삭하게 튀긴다.
2. 건조 블랙올리브와 바게트는 식품건조기에서 65℃로 건조시킨다.
3. 1과 2를 푸드프로세서에 함께 넣고, 고운 파우더 상태가 될 때까지 섞는다.

가니시 사용 샘플

겨울의 대지

겨울 밭의 흙을 연상시키는 크럼블 아래에 파스닙(달콤한 맛을 가진 뿌리채소) 퓌레를 깔고, 위에는 데쳐서 버터 소테한 미니 당근, 미니 무, 미니 순무, 아스파라거스 등 작은 채소를 세웠다. 마무리로 발효버터파우더를 뿌려 눈 덮인 풍경처럼 완성한다. 크럼블은 소스 대신으로도, 식감을 살리는 악센트로도 훌륭하다.

파우더, 크럼블 | Powder, Crumble

요리하고 남은 단호박 자투리만 사용하여 만든 파우더. 요리에 풍미와 색감을 더하고 싶은 때 사용한다. 여기서는 단호박으로 만들었지만 당근, 비트처럼 건조시켜도 맛과 색이 유지되는 재료라면 대체할 수 있다. ─ 담당/다부치 다쿠(S'ACCAPAU)

재료(만들기 쉬운 분량)

단호박 1개

40

말린 채소 파우더
Vegetable Powder

색	황금색
촉감	보슬보슬
보형성	있음
난이도	★☆☆☆☆

만드는 방법

1. 단호박은 껍질을 벗기지 않고 덩어리째 알루미늄포일로 감싼다. 180℃, 송풍 사용 컨벡션오븐에 1시간 내외로 가열한다.
2. 1을 알맞은 크기로 자른다. 일부를 요리에 사용하고 남은 자투리 부분은 70~90℃로 예열한 오븐에 1일 동안 건조하듯이 굽는다.
3. 2를 믹서에 돌려서 파우더 상태로 만든다. 차거름망으로 거른다.

가니시 사용 샘플

닭의 하얀 간 단호박 피스타치오 발사믹

단호박 페이스트를 듬뿍 담고, 그 위에 부순 피스타치오를 묻힌 닭의 간을 올린다. 주위에 단호박을 건조시켜 만든 파우더를 뿌린다. 여기서는 단호박으로 파우더를 만들었지만 당근, 비트처럼 맛도 색도 진한 재료라면 무엇이든 대체할 수 있다. 이런 파우더는 버렸던 자투리 재료를 활용하는 방법으로도 유용하다.

파우더, 크럼블 | Powder, Crumble

새까만 입자는 외톨마늘이라 불리는, 전체가 1톨로 구성된 마늘을 태워서 간 파우더다. 북유럽에서는 탄 맛을 감칠맛으로 인식하는 경향이 있어, 식재료를 태워서 조미료로 사용하는 경우도 많다. 여기서도 그 방법을 따랐다.

— 담당/가토 준이치(L'ARGENT)

재료 (만들기 쉬운 분량)

외톨마늘* 1개

*외톨마늘(Solo garlic)
전체가 1톨로 구성된 마늘. 스페인산이나 중국산이 대부분이며, 일반적인 마늘보다 향이 조금 옅다.

41

흑마늘파우더
Black Garlic Powder

색	검은색 ●
촉감	보슬보슬
보형성	있음
난이도	★☆☆☆☆

만드는 방법

1. 외톨마늘을 껍질째 200℃로 예열한 오븐에 3시간 태운다.
2. 속까지 새까맣게 되면 그레이터 등으로 갈아서 사용한다. 일반 마늘이 아닌 외톨마늘을 사용하는 것은, 구운 후 갈아서 파우더 상태를 만들기 위해서다. 여러 톨로 나뉘어 있으면 구웠을 때 수축되어 잘 갈리지 않는다.

가니시 사용 샘플

홋카이도 이리 뮈니에르

이리 뮈니에르에 케일, 방울양배추 소테, 양파 피클 등 채소를 듬뿍 겹쳐 올리고, 셰리식초 소스를 곁들인 따뜻한 전채요리. 마무리로 흑마늘파우더를 전체에 듬뿍 갈아서 뿌려 고소함을 더한다. 가토 셰프가 요리를 배운 북유럽에서는 탄 맛을 감칠맛의 하나로 여겨 조미료로 사용하는 경우도 많다.

파우더, 크럼블 | Powder, Crumble

요구르트만으로 만든 크럼블. 가열로 캐러멜화하여 은은하게 색을 낸다. 우유맛은 물론 신맛과 고소함을 지녀, 요리나 디저트 등에 맛을 하나 더하고 싶을 때 유용한 아이템이다.

— 담당/가토 준이치(L'ARGENT)

재료 (만들기 쉬운 분량)

플레인 요구르트(무가당) 적당량

42

요구르트 크럼블
Yogurt Crumble

만드는 방법

1 플레인 요구르트를 프라이팬에 넣고 중불에 올린다.
2 끓으면 바로 약불로 줄인다. 타기 쉬우므로, 고무주걱 등으로 계속 바닥까지 저으면서 타지 않게 가열한다.
3 4시간 정도에 걸쳐 요구르트의 수분을 날린다. 수분과 몽글몽글한 덩어리로 분리되기 시작하면 더 쉽게 타므로, 계속 저어주면서 타지 않게 주의한다.
4 수분이 완전히 날아가고, 캐러멜화하여 황토색이 되면 불을 끈다.

색	황토색
촉감	보슬보슬 사박사박
보형성	있음
난이도	★ ☆ ☆ ☆ ☆

가니시 사용 샘플

도야마 잿방어* 타르틀레트

춘권피로 만든 타르틀레트(p.28)에, 라임향을 입힌 잿방어 타르타르와 스모크 캐비아, 요구르트 크럼블을 듬뿍 올린 아뮤즈. 젖산발효의 풍미와 고소함이 한 입크기인 핑거푸드 맛에 깊이를 더한다. 고기요리, 유제품을 사용한 디저트 등과도 궁합이 매우 좋다.

*연분홍빛 살이 특징인 도야마현 특산 잿방어.

파우더, 크럼블 | Powder, Crumble

와사비채와 간 와사비로 만든 그린 아이스파우더. 당을 첨가하여 단맛도 나지만, 와사비 특유의 풋내와 매운맛이 특징으로 허브처럼 사용할 수 있다. 루콜라처럼 맛이 강한 허브 종류라면 무엇이든 대체할 수 있다.

— 담당/다카하시 유지로(LE SPUTNIK)

재 료 (만들기 쉬운 분량)

와사비채(잎) 600g
와사비(간) 100g
트리몰린* 60g
꿀 30g
플레인 요구르트(무가당) 30g
프로마주 블랑 100g
생크림(유지방분 38%) 50g

*트리몰린
부드러운 페이스트 상태의 당. 「전화당」이라고도 불린다. 물에 잘 녹고, 쉽게 재결정화하지 않는 것이 특징.

43

그린 아이스파우더
Green Ice Powder

색	연두색 🟢
촉감	보슬보슬
보형성	없음
난이도	★★☆☆☆

만드는 방법

1. 와사비채를 알맞은 크기로 잘라 끓는 물에 데친다. 얼음물에 담가 색을 유지시킨다.
2. 물기를 뺀 **1**과 나머지 재료를 믹싱볼에 함께 넣고, 스탠드믹서로 섞는다. 부드러운 페이스트 상태가 되면 체에 거른다.
3. **2**에 액체질소를 더하여, 아이스파우더 상태로 얼린다.

가니시 사용 샘플

히미 방어* 두부
한라봉 검은무
고추냉이 아마자케

1~2주 숙성시킨 방어 토막을 살짝 그을려서, 검은무 마리네이드와 조합한 차가운 전채. 그 밑에 크림치즈, 두부, 한라봉, 허브를 같이 버무려서 깔고, 마무리로 아마자케로 만든 거품과 새싹 허브, 그린 아이스파우더를 곁들인다. 아이스가 녹으면 와사비채와 와사비의 매운맛과 풋내가 살아나, 허브와 같은 역할을 한다.

*감칠맛과 고급스러운 단맛이 특징인 히미시 특산 방어.

파우더, 크럼블 | Powder, Crumble

가스파초 추출액을 액체질소와 파코젯으로 아이스파우더 상태를 만든다. 제공 직전 그릇에 뿌리면, 수증기인 하얀 연기가 피어올라 인상적인 연출이 가능하다. 맛이 진하기 때문에 녹아도 소스로 즐길 수 있다. — 담당/다부치 다쿠(S'ACCAPAU)

재료 (만들기 쉬운 분량)

양파 25g
프루트 피망* 40g
오이 20g
프루트 토마토* 150g
엑스트라버진 올리브오일 10g
소금 2g / 그래뉴당 1g
갈릭오일 1g
화이트발사믹 식초 1g

*프루트 피망
당도와 산뜻함을 가진 피망.
*프루트 토마토
스테비아 토마토처럼 당도가 높은 토마토.

44

가스파초 아이스파우더
Ice Powder with Gazpacho Flavor

만드는 방법

1 양파를 슬라이스하고, 물에 담가 매운맛을 뺀다.
2 피망, 오이를 알맞은 크기로 자르고 씨를 제거한다.
3 1, 2를 믹싱볼에 담고, 화이트발사믹 식초 외의 재료를 모두 넣어 스탠드믹서로 섞는다. 여과기 등으로 거른다.
4 3에 화이트발사믹 식초를 넣고 섞는다.
5 4를 파코젯 용기에 넣고 얼린다.
6 5를 파코젯으로 돌린다. 꺼낸 다음 푸드프로세서에 넣고, 액체질소를 부으면서 파우더 상태가 될 때까지 섞는다.

색	연갈색
촉감	보슬보슬
보형성	없음
난이도	★★☆☆☆

가니시 사용 샘플

카펠리니 쌀새우
바닷가재 성게알 피망
토마토 오이

카펠리니(가늘고 긴 모양의 파스타)에 바닷가재 육수로 맛을 낸 줄레, 쌀새우, 성게알을 함께 올린 다음 프루트 토마토, 오이 등으로 「가스파초」처럼 만든다. 이렇게 완성한 풍부한 풍미의 아이스파우더를 손님 앞에서 뿌린다. 연기처럼 피어오르는 차가운 파우더가 녹으면서, 맛이 분명해지는 소스로 변해가는 과정도 즐길 수 있다.

파우더, 크럼블 | Powder, Crumble

양송이버섯을 발효시켜 만든 진갈색 파우더. 발효에 의한 독특한 풍미와 감칠맛, 짭짤함이 특징으로, 요리에 적은 양을 뿌리거나 곁들여서 복합적인 맛을 표현할 수 있다. 만들어두고 조미료로 사용하는 것을 추천한다.

— 담당/다카하시 유지로(LE SPUTNIK)

재료 (만들기 쉬운 분량)

양송이버섯 100g
소금 2g

45

발효파우더
Fermented Powder

색	진갈색 ●
촉감	보슬보슬 파슬파슬
보형성	있음
난이도	★★★☆☆

만드는 방법

1. 양송이버섯에 2% 분량의 소금을 뿌린다. 진공상태로 1~2주 동안 상온에 둔다.
2. 1이 발효하면 체에 올려 물기를 뺀다. 남은 양송이버섯을 오븐팬에 나란히 올리고 컨벡션오븐에 66℃로 하룻밤 건조시킨다.
3. 2를 믹서로 돌려 파우더 상태를 만든다.

가니시 사용 샘플

옥돔 간장박*
루콜라 들깨

셰리식초로 버무린 루콜라에, 간장지게미로 반나절 절인 옥돔 토막을 돌돌 감아, 들깨가루, 된장가루, 발효파우더를 뿌린다. '발효'라는 공통점이 다채로운 감칠맛을 선사한다. 발효파우더는 만들어두면 요리에 감칠맛, 짠맛, 깊은 맛을 더하는 조미료로 활용할 수 있다.

*간장을 담그고 남은 찌꺼기.

파우더, 크럼블 | Powder, Crumble

요구르트, 그래뉴당, 우유만 들어가는 심플한 재료로, 액체 질소와 파코젯을 사용하여 아이스파우더를 만든다. 요구르트 외에 과일 등으로 응용해도 좋지만, 녹아도 식감이 좋고 맛이 진한 것이 적합하다. — 담당/다부치 다쿠(S'ACCAPAU)

재료 (만들기 쉬운 분량)

플레인 요구르트(무가당) 250g
그래뉴당 25g
우유 50g

46

요구르트 아이스파우더
Yogurt Ice Powder

만드는 방법

1 재료를 모두 볼에 넣고 골고루 섞는다.
2 **1**을 파코젯 용기에 넣고 얼린다.
3 **2**를 파코젯으로 돌린다.
4 **3**을 푸드프로세서에 넣고 액체질소를 조금씩 부으면서 섞어, 아이스파우더 상태를 만든다.

〈가니시 사용 샘플은 p.19〉

색	흰색 ○
촉감	보슬보슬
보형성	없음
난이도	★★☆☆☆

입체, 구체 | Solid, Sphere

47 공모양 서양배 퓌레
Pear Extract Puree Sphere

48 돌모양 감자
Stone-shaped Potatoes

49 대나무숯 머랭
Bamboo Charcoal Meringue

50 흑임자 추로스
Black Sesame Churros

51 초콜릿 그릇
Chocolate Orbs

52 스파이럴 코르네
Spiral Cornets

53 옥수수 세미프레도
Corn "Semifreddo" Ice

54 에이블스키버
"Aebleskiver"

55 시가
"Cigare"

56 파슬리 젤리
Parsley Jelly

57 반구형 머랭
Hemisphere-shaped Meringue

58 건조 난백 머랭
Dried Egg White Meringue

59 반딧불
Firefly

60 스노 글로브
Snow Globe

61 설탕공예
"AMEZAIKU" Candy

62 종이학
"ORIGAMI" Paper Cranes

63 다르질링 무스
Darjeeling Tea Mousse

입체, 구체 | Solid, Sphere

주사기형 스포이트, 풍선 등을 사용하여 공모양으로 성형하고, 식혀서 굳힌 서양배 퓌레. 퓌레 종류는 자유롭게 어떤 재료로 대체해도 좋다. 여기서는 일부를 녹여 사용했지만, 공모양을 반으로 나누면 그릇처럼 사용할 수도 있다.

— 담당/다부치 다쿠(S'ACCAPAU)

재료 (약 3개 분량)

서양배 퓌레* 100g
레몬즙 5g
그래뉴당 10g
트레할로스 10g
물 10g

*서양배 퓌레
서양배 껍질과 씨를 제거하고, 퓌레 상태가 될 때까지 믹서로 돌린 것.

47

공모양 서양배 퓌레
Pear Extract Puree Sphere

색	흰색 ○
촉감	매끈매끈
보형성	없음
난이도	★★★☆☆

만드는 방법

1. 재료를 모두 믹서에 넣고 섞는다.
2. 주사기형 스포이트에 **1**을 40g 넣는다. 같은 스포이트에 그대로 공기를 220cc 넣는다.
3. **2**를 풍선 안에 주입하여 부풀리고, 입구를 막는다.
4. 용기에 액체질소를 부은 다음 **3**의 풍선을 그 안에 넣는데, 풍선 안의 액체가 풍선 안쪽면에 골고루 발라지도록 굴리면서 얼린다.
5. **4**를 액체질소에서 꺼내고, 풍선에 칼로 칼집을 넣어 제거한다.
6. 공모양인 채로 사용할 수 있지만, 여기서처럼 그 안에 무언가 넣을 경우 달군 프라이팬 등에 공모양 일부를 녹여서 사용한다.

가니시 사용 샘플

서양배 대게 민트 양파

공모양으로 굳힌 서양배 퓌레를 가르면, 속에서 대게살과 대게 내장소스가 나오는 서프라이즈를 만끽할 수 있는 전채요리. 이 공모양은 퓌레를 넣은 풍선을, 액체질소 안에서 순간적으로 냉동시켜 만든다. 여기서는 공모양 일부를 가열로 녹여서 구멍을 내고, 그 안에 재료를 채웠다. 서양배 외의 과일로 대체해도 좋다.

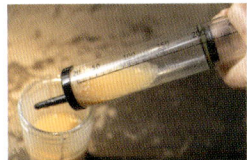

입체·구체 | Solid, Sphere

강가에서 주운 돌처럼 보이는 이 가니시는, 감자를 삶은 다음 대나무숯이 들어간 가루를 입혀 건조시키는 과정을 반복하여 만든다. 감자 통째로 사용할 수 있고, 다른 재료와도 잘 어울리는 잉카노메자메를 사용한다.

— 담당/하시모토 고이치(CELARAVIRD)

재 료 (16개 분량)

감자 밑손질
감자(잉카노메자메) 16개
소금 적당량

완성
강력분 190g
물 300g
소금 4g
대나무숯파우더(식용) 적당량

48

돌모양 감자
Stone-shaped Potatoes

색	회색
촉감	보슬보슬 따끈따끈
보형성	있음
난이도	★★★☆☆

만드는 방법

감자 밑손질
감자를 깨끗이 씻고, 소금을 넣은 끓는 물(분량 외)에 꼬치가 잘 들어갈 정도로 부드러워질 때까지 삶는다.

완성
1. 강력분, 물, 소금, 대나무숯파우더를 블렌더로 돌려 골고루 섞는다.
2. 밑손질한 감자에 꼬치의 뭉툭한 부분을 꽂는다. 이어 뾰족한 쪽을 스티로폼에 꽂고, **1**의 가루를 전체에 묻힌 다음 식품건조기에 넣어 65℃로 건조시킨다. 가루를 둘러서 건조시키는 과정을 1~2시간에 걸쳐 3~4번 정도 반복한다.
3. 꼬치를 제거하고 사용한다.

가니시 사용 샘플

가레산스이

돌모양 감자와 진짜 돌을 상자에 담고, 그 아래 가레산스이(물을 사용하지 않고 돌과 모래만으로 지형을 만들어 산수를 표현한 일본 정원 양식)가 연상되도록 소금을 깐 다음 무늬를 그려 넣었다. 가짜 돌을 가르면, 속은 따끈따끈한 노란 감자가 모습을 드러낸다. 여기서는 각각 1개씩 담았지만, 많은 돌 속에 돌모양 감자를 섞어 연출하면 손님에게 즐거움을 선사할 수 있다.

입체, 구체 | Solid, Sphere

회색 이탈리안 머랭으로 바위나 돌을 표현한 아이템. 그대로도 좋고, 부수거나 깨서 사용할 수도 있다. 이탈리안 머랭은 온도 관리가 중요해서 1℃만 달라져도 질감이 바뀐다. 따라서 온도계가 꼭 필요하다. — 담당/가토 준이치(L'ARGENT)

재료 (만들기 쉬운 분량)

그래뉴당 290g
물 130g
사과식초 25g
달걀흰자 200g
대나무숯파우더(식용) 5g

49

대나무숯 머랭
Bamboo Charcoal Meringue

색	회색 ●
촉감	사박사박
보형성	있음
난이도	★★☆☆☆

만드는 방법

1 그래뉴당, 물, 사과식초를 냄비에 함께 넣고 불에 올린다. 전체가 잘 녹아 어우러지면 120℃가 될 때까지 가열한다.
2 달걀흰자를 믹싱볼에 넣고 저속으로 섞는다. 잘 섞이면 중속으로 올린다.
3 달걀흰자에 거품이 생기면 다시 저속으로 내리고, 120℃가 된 **1**을 조금씩 넣는다. 이때 넣으면서 계속 섞어준다. **1**을 전부 넣으면 중속으로 올려, 뿔이 서고 상온이 될 때까지 계속 휘핑한다.
4 뾰족하게 뿔이 선 이탈리안 머랭이 완성되면 저속으로 다시 내리고 대나무숯파우더를 넣는다. 머랭에 이물질이 들어가면 거품이 사그라들기 때문에, 무언가 넣고 싶다면 뿔이 뾰족하게 선 다음 마지막에 넣는 것이 좋다.
5 지름 약 1cm 깍지를 끼운 짤주머니에 **4**를 넣고, 오븐시트에 원하는 모양으로 짜낸다. 여기서는 지름 약 4cm, 높이 약 4cm 반구형으로 짰다.
6 90℃로 예열한 오븐에 4시간~하룻밤, 속이 완전히 익을 때까지 굽는다. 구운 다음 시트에서 떼어내고 사용한다. 만들어 둘 경우, 건조제와 함께 밀폐용기에 넣어 보관한다.

가니시 사용 샘플

장미 재 아소산

아소산 기슭의 장미원에서 온 장미꽃을 모티브로 만든 디저트. 화산재를 많이 함유한 토양에서 자란 장미를 표현하기 위해 장미 아이스크림의 표면을 대나무숯 무스로 코팅하고, 대나무숯 머랭으로 만든 바위와 돌이 현지를 연상시킨다. 장미 피클, 마스카르포네 크림 등을 곁들여 다채로운 식감도 즐길 수 있게 완성했다.

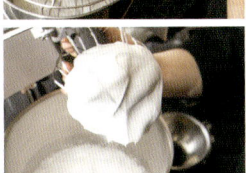

입체, 구체 | Solid, Sphere

흑임자 페이스트로 만든 검은색 추로스. 페이스트는 고구마, 누에콩 등으로 재료를 대체하여 변화를 줄 수 있다. 완성 상태에 맞게 깍지의 지름이나 짜내는 길이를 바꾸어, 추로스의 볼륨감을 조절한다. — 담당/다카하시 유지로(LE SPUTNIK)

재료(약 40개 분량)

우유 30g
물 70g
소금 1g
버터(무염) 50g
그래뉴당 3g
박력분 60g
달걀 2개
검은깨 페이스트(시판품) 70g

50

흑임자 추로스
Black Sesame Churros

색	검은색 ●
촉감	사박사박
보형성	있음
난이도	★★★☆☆

만드는 방법

1. 냄비에 우유, 물, 소금, 버터, 그래뉴당을 함께 넣고 끓인다. 모두 녹아 잘 어우러지면 박력분을 넣고 섞어, 전체가 한 덩어리가 되도록 반죽한다.
2. **1**을 믹서로 옮겨, 푼 달걀을 조금씩 넣으면서 섞는다. 잘 어우러지면 검은깨 페이스트를 넣고 섞는다.
3. 지름 약 1.5cm 깍지를 끼운 짤주머니에 **2**를 넣는다. 170℃로 가열한 식용유(분량 외)에 약 7cm 길이로 짜내서 바삭하게 튀긴다.

가니시 사용 샘플

자색고구마
부댕 누아르 사과
흑임자 추로스

흑임자를 넉넉하게 채운 그릇에 사과 마멀레이드, 부댕 누아르 무스를 짜 넣은 자색고구마 코르네(p.171), 흑임자 추로스를 담는다. 여기서는 전체를 손바닥 크기로 만들어 코스 초반에 제공하는 핑거푸드로 완성했지만, 크기나 페이스트 재료를 바꾸면 디저트 등으로도 활용할 수 있다.

입체, 구체 | Solid, Sphere

카카오 열매를 감싼 껍질 「카카오 포드」를 본뜬 초콜릿 그릇. 그대로 먹어도 좋지만, 여기에 핫 초콜릿을 부어서 녹여 먹어도 재미있다. 초콜릿을 바르는 방법에 따라 다양한 형태로 완성할 수 있다.

— 담당/다카하시 유지로(LE SPUTNIK)

재료 (만들기 쉬운 분량)

아마존 카카오 초콜릿
카카오 페이스트* 150g
카카오버터 25g / 슈거파우더 20g

비스킷 쇼콜라파우더
달걀노른자 63g / 달걀흰자 148g
아몬드파우더 63g / 슈거파우더 30g
그래뉴당 73g / 박력분 53g
코코아파우더 20g / 버터(무염) 25g
대나무숯파우더 적당량

완성
아마존 카카오 초콜릿 적당량
비스킷 쇼콜라파우더 적당량

*카카오 페이스트
아마존산 카카오로 만든 것을 사용.

51

초콜릿 그릇
Chocolate Orbs

색	진갈색
촉감	파삭파삭
보형성	없음
난이도	

만드는 방법

아마존 카카오 초콜릿
재료를 모두 볼에 넣어 중탕하고, 핸드믹서로 섞는다.
여과기로 거른 후, 그늘지고 서늘한 곳에서 하룻밤 휴지시킨다.

비스킷 쇼콜라파우더

1 달걀노른자와 달걀흰자 28g을 믹싱볼에 넣고, 아몬드파우더와 슈거파우더를 체로 쳐서 넣는다. 하얗게 될 때까지 믹서에 고속으로 돌린다.
2 다른 볼에 나머지 달걀흰자 120g을 넣고, 그래뉴당을 몇 번에 나눠 넣어가며 휘핑한다. 80% 머랭을 만든다.
3 1에 2의 1/3 분량을 넣고 섞은 다음, 나머지를 넣고 가볍게 섞는다.
4 체로 친 박력분과 코코아파우더를 3에 넣고, 다시 가볍게 섞는다.
5 버터를 녹여서 50℃ 내외로 맞춘다. 4의 일부를 넣어 유화시키고, 다시 4의 볼에 모두 넣어 섞는다.
6 오븐시트를 깐 오븐팬에 5의 반죽을 붓고 표면을 평평하게 정리한다. 170℃로 예열한 컨벡션오븐에 18분 굽는다.
7 6을 식히고, 오븐시트에서 떼어내어 한입크기로 자른다. 다시 오븐시트를 깐 오븐팬에 적당량을 나란히 올리고, 90℃로 예열한 컨벡션오븐에 1시간 건조하듯 굽는다.
8 7을 믹서로 돌려 파우더 상태를 만들고, 대나무숯파우더를 넣어 색을 들인다.

마무리

1 아마존 카카오 초콜릿을 템퍼링하고 28℃로 조절한다.
2 풍선을 불고 표면에 1을 솔로 바른다. 비스킷 쇼콜라파우더를 차거름망으로 뿌린다.
3 2를 냉장고에 식혀서 굳힌다. 굳으면 풍선을 터뜨려 제거한다.

가니시 사용 샘플

아마존 카카오
아마존 과일
바나나 피스코

바나나 무스, 아마존산 과일 즐레를 넣은 아마존 카카오 무스와 바나나 아이스크림을 초콜릿 그릇에 담고, 그 밑에는 초콜릿 크럼블을 깐다. 피스코(페루, 칠레에서 생산하는 포도 브랜디) 풍미의 핫초콜릿, 카카오 과육을 졸여서 만든 소스를 손님 앞에서 끼얹으면서 그릇을 녹이는 퍼포먼스를 한다.

입체, 구체 | Solid, Sphere

겹겹이 겹쳐진 얇은 반죽으로 리코타, 커스터드 등을 감싸서 구운, 이탈리아 전통과자 「스폴리아텔라(조개모양의 나폴리 빵)」를 표현한 가니시. 작은 원뿔모양으로 구워내면 사랑스러운 핑거푸드로 훌륭하다. — 담당/다부치 다쿠(S'ACCAPAU)

재료(약 35개 분량)

강력분 70g
박력분 30g
물 40g
소금 1g
라드 적당량

52

스파이럴 코르네
Spiral Cornets

색
황토색

촉감
파삭파삭 사박사박

보형성
있음

난이도
★★★☆☆

만드는 방법

1. 라드 외의 재료를 모두 볼에 담고, 손으로 골고루 섞어 한 덩어리로 반죽한다. 냉장고에서 1시간 이상 휴지시킨다.
2. 파스타머신에 돌려서 늘린다. 길이 1~1.5m, 두께 1mm 정도가 될 때까지 늘린다.
3. 라드를 녹여서 **2**의 표면에 솔로 바른다. 반죽 끝부분에서부터 반대쪽으로 돌돌 말아, 원통형 1개를 만든다.
4. **3**의 원통형 반죽을 끝에서부터 3mm 간격으로 자른다.
5. **4**를 삼각콘 모양 실리콘틀(초콜릿틀)에, 반죽을 한 층당 1mm씩 안쪽으로 밀면서 세팅한다. 이때 틀과 같은 원뿔형이 되도록 세팅한다.
6. 160℃, 송풍 사용 컨벡션오븐에서 20분 굽는다. 틀에서 꺼내어 사용한다.

가니시 사용 샘플

스폴리아텔라
대구 연어알

말린 대구 페이스트를 안에 넣고 연어알을 올린「스폴리아텔라」. 스폴리아텔라는 여러 겹의 얇은 반죽을 겹쳐 구운 이탈리아 남부 전통과자로, 원래는 안에 커스터드 등을 채우고 굽지만, 여기서는 작은 원뿔형으로 반죽만 구워서 완성한다. 안에 크림을 짜 넣어도 좋고 타르타르 등의 재료를 채워도 좋은, 활용성이 좋은 가니시다.

입체, 구체 | Solid, Sphere

언뜻 평범한 옥수수처럼 보이지만, 사실 옥수수모양 실리콘틀에 넣고 얼린 세미프레도(반 정도 얼린 아이스크림과 무스의 중간 상태)이다. 겉모습과 입에 넣었을 때의 차이가 서프라이즈를 연출한다.

— 담당/다부치 다쿠(S'ACCAPAU)

재료 (20개 분량)

옥수수 퓌레
옥수수 15개 / 양파 2개
소금 적당량 / 그래뉴당 적당량
우유 1kg / 닭육수* 650g

완성
옥수수 퓌레 1,120g
우유 190g
생크림(유지방분 38%) 190g
소금 2.5g / 그래뉴당 21g

*닭육수
손질한 닭뼈와 향신채소를 8시간 이상 졸여서 거른 것.

53

옥수수 세미프레도
Corn "Semifreddo" Ice

색	노란색
촉감	사각사각
보형성	없음
난이도	★★★☆☆

만드는 방법

옥수수 퓌레
1. 옥수수 알갱이를 칼로 긁어내어, 심에서 분리한다.
2. 양파를 슬라이스하여, 올리브오일(분량 외)을 두른 냄비에 투명해지도록 볶는다.
3. 2의 냄비에 1의 옥수수 알갱이, 소금, 그래뉴당을 넣는다.
4. 소금과 설탕이 녹으면 우유, 닭육수를 넣고 한소끔 끓인다. 전체가 잘 어우러지면 가볍게 끓인 다음 믹서로 섞어 퓌레 상태를 만든다. 고운 체에 걸러서 부드럽게 만든다.

완성
1. 옥수수 퓌레 1,120g과 완성용 재료를 모두 볼에 넣고, 거품기로 섞는다.
2. 전체가 잘 어우러지면 적당량을 에스푸마용 사이펀에 넣고, 가스를 충전한다.
3. 2를 옥수수모양 실리콘틀에 주입하고, 냉동실에 얼린다.
4. 얼면 틀에서 꺼내어 사용한다.

가니시 사용 샘플

옥수수 부라타 안초비

언뜻 보면 둥글게 썬 옥수수지만, 사실 심까지 먹을 수 있는 옥수수 모양 반냉동 아이스크림. 밑에는 부라타 치즈, 어린 바질잎, 제철 새싹채소잎을 깔아, 여름에 어울리는 차가운 전채로 완성했다. 옥수수뿐만 아니라 식재료 모양의 실리콘틀은 다양하므로, 재료를 바꾸어 다양하게 응용할 수 있다.

입체, 구체 | Solid, Sphere

덴마크 전통과자 「에이블스키버」. 현지에서는 안에 라즈베리잼을 채우는 것이 일반적이지만, 안에 넣는 내용물을 바꾸면 표현할 수 있는 맛은 무한대가 된다. 현지에는 전용 프라이팬이 있지만, 타코야키 팬으로도 충분히 만들 수 있다.

— 담당/가토 준이치(L'ARGENT)

재료 (만들기 쉬운 분량)

강력분 156g
그래뉴당 30g
소금 1.5g
생크림(유지방분 30%) 78g
달걀노른자 120g
버터(무염) 78g
달걀흰자 210g

54

에이블스키버
"Aebleskiver"

색	황금색
촉감	폭신폭신
보형성	있음
난이도	

만드는 방법

1. 강력분, 그래뉴당, 소금을 볼에 넣고 골고루 섞는다. 다른 볼에 생크림, 달걀노른자를 넣고 골고루 섞는다. 양쪽을 조금씩 합치면서 전체에 덩어리가 생기지 않도록 골고루 섞는다.
2. **1**에 녹인 버터를 넣고 다시 골고루 섞는다.
3. 달걀흰자를 믹싱볼에 넣고, 뿔이 뾰족하게 설 때까지 믹서로 섞는다.
4. **3**의 1/3 분량을 **2**의 볼에 넣고 섞는다. 전체가 어우러지면 나머지 2/3를 넣고, 거품이 꺼지지 않도록 가볍게 골고루 섞는다.
5. 짤주머니에 **4**를 넣고 끝부분을 잘라낸다. 녹인 버터(분량 외)를 바른 타코야키 팬에 적당량을 짜 넣고, 타코야키 만드는 요령으로 꼬치로 돌리면서 굽는다.
6. 전체를 다 굽지 않고 일부분을 반만 익힌 상태로 구멍을 내어, 그 안에 원하는 재료나 잼, 퓌레 등을 채운다. 여기서는 로즈힙 잼을 넣었다.
7. 재료를 넣은 입구 부분을 구워서 마무리한 다음, 팬에서 꺼내어 사용한다.

가니시 사용 샘플

에이블스키버

크리스마스에 즐기는 덴마크 전통과자 「에이블스키버」를 타코야키 팬으로 구워 완성했다. 여기서는 안에 로즈힙 잼을 넣고, 마무리로 로즈힙을 건조시켜 만든 파우더와 슈거파우더를 뿌렸다. 반죽에 단맛이 나기 때문에 라즈베리, 레몬, 루바브 잼 같은 새콤달콤한 재료가 어울린다.

입체, 구체 | Solid, Sphere

흑설탕 베이스로 만든 랑그 드 샤 반죽을 롤모양으로 구워 완성한 것. 속에 버터크림, 잼 등을 자유롭게 넣어 변화를 줄 수 있다. 디저트의 일부로도, 그대로 프티 푸르로도 사용할 수 있는 가니시.

— 담당/다카하시 유지로(LE SPUTNIK)

재료 (30개 분량)

버터(무염) 66g
흑설탕 231g
달걀흰자 66g
박력분 39g

55

시가
"Cigare"

색	갈색 ●
촉감	파삭파삭 사박사박
보형성	있음
난이도	★★★☆☆

만드는 방법

1. 버터를 포마드 상태로 만들고, 흑설탕을 넣어 섞는다. 상온에 둔 달걀흰자를 넣고, 박력분을 체로 쳐서 골고루 섞는다. 냉장고에 하룻밤 휴지시킨다.
2. 실패드를 깐 오븐팬에 8cm×8.5cm 직사각형 틀을 올리고, **1**의 반죽을 팔레트나이프로 넓게 펴 바른다.
3. **2**의 틀을 제거하고, 170℃로 예열한 오븐에 넣어 10분 굽는다. 뜨거울 때 실패드째 오븐팬에서 꺼내고 식힌다. 식으면 실패드에서 반죽을 떼어낸다.
4. 실패드 위에 다시 반죽을 놓고, 오븐에 가볍게 데운다. 반죽이 부드러워지면 꺼내어, 지름 1cm 막대기에 말면서 원통형으로 만든다. 식어서 굳으면 막대기를 빼낸다.

가니시 사용 샘플

귤 오키나와 카카오 시나몬 월도

시가 속은 막대기 모양으로 자른 짭짤한 버터크림과 귤잼을 채우고, 겉은 월도파우더를 뿌린다. 그대로도 맛있지만, 여기서는 시나몬의 일종인「사이공 시나몬」풍미가 밴 초콜릿 타르트, 단칸(단맛이 풍부한 오키나와 귤)과 시쿠와사(신맛이 강한 오키나와 귤)로 만든 수플레와 함께 3가지 디저트로 하나의 요리를 구성했다.

입체, 구체 | Solid, Sphere

겔화제 「베지터블 젤라틴」을 사용하면, 재료 표면을 젤리 같은 막으로 코팅할 수 있다. 여기서는 파슬리 퓌레를 사용하여 코팅했는데, 섬유질이 적은 채소라면 무엇이든 응용할 수 있다.

— 담당/가토 준이치(L'ARGENT)

재료 (만들기 쉬운 분량)

파슬리 500g
베지터블 젤라틴* 전체 분량의 1%

*베지터블 젤라틴
SOSA사의 겔화제. 65℃ 이하에서 겔화하기 때문에, 상온~따뜻한 온도의 요리에도 사용할 수 있다.

56

파슬리 젤리
Parsley Jelly

색	녹색 
촉감	반들반들
보형성	없음
난이도	★★★★☆

만드는 방법

1 냄비의 물(분량 외)이 끓으면 알맞게 자른 파슬리잎을 넣어 5분 정도 데친다.
2 1의 파슬리를 체로 건져내고, 얼음물에 담가 급랭한다. 믹서에 넣고 돌릴 수 있을 만큼 적은 양의 물(분량 외)을 넣어 간다. 5분 정도 돌려 충분히 부드러운 상태가 되면, 전체의 1% 분량에 해당하는 젤라틴을 조금씩 넣어가면서 섞는다.
3 부드러워지면 믹서에서 꺼내고 여과기로 거른다. 냉장고에 1일 그대로 두어, 기포가 사라지고 더욱 부드러워지게 만든다.
4 다음날 냄비에 옮겨서 데운다. 65℃ 이상이 되지 않도록 주의한다.
5 그대로 파슬리 퓌레로 사용할 수도 있지만, 여기서는 새우 타르타르를 공모양으로 둥글게 빚어 냉동하고, 이를 꼬치에 꽂아 파슬리 퓌레에 담가서 코팅한다. 그 다음 냉장고에 차게 굳혀서 요리로 완성한다.

가니시 사용 샘플

진흙새우 타르타르 파슬리 젤리

새우 타르타르를 공모양으로 빚어 얼리고, 표면을 매끈한 파슬리 젤리로 코팅한다. 여기에 와사비 소스를 부어 청량감 있는 전채요리로 완성했다. 다른 재료를 같은 방법으로 만들려면 가다랑어, 송어, 참치처럼 냉동 후 해동해도 품질이 변하지 않는 것이 좋다. 젤리도 같은 방법으로, 파슬리 외의 다른 채소로 대체할 수 있다.

입체, 구체 | Solid, Sphere

이글루를 연상시키는 돔모양으로 만든 머랭. p.42에서 소개한 머랭 튀일과 거의 동일한 재료와 방법으로 만들었는데, 건조시킬 때의 모양에 따라 겉모습이 주는 이미지도 용도도 크게 달라지는 좋은 예다.

— 담당/하시모토 고이치(CELARAVIRD)

재료(130개 분량)

달걀흰자 150g
알부미나* 10g
그래뉴당 150g
물 38g
식용유 조금

*알부미나
SOSA사의 건조 난백. 가열하지 않아도 기포성이 높고, 세밀하여 안정성이 높은 거품을 만들 수 있다.

57

반구형 머랭
Hemisphere-shaped Meringue

색	흰색 ○
촉감	사박사박
보형성	있음
난이도	★★★☆☆

만드는 방법

1 달걀흰자와 알부미나를 볼에 함께 넣고, 핸드믹서로 충분히 휘핑한다.
2 그래뉴당과 물을 냄비에 넣고 가열한다. 그래뉴당이 모두 녹고 118℃가 되면 불을 끈다. **1**의 볼에 넣고 다시 섞어, 뿔이 뾰족하게 설 때까지 휘핑한다. 짤주머니에 넣는다.
3 반구형 실리콘틀을 거꾸로 세우고, 표면에 식용유를 바른다. 반구가 덮이도록 **2**의 머랭을 짠다. 이때 지름 약 1cm 공모양 머랭 알갱이가 이어지도록 만든다.
4 다 덮은 다음, 식품건조기에 넣고 65℃로 1시간 반 정도 건조시킨다.
5 표면이 건조되면 실리콘틀에서 떼어내고, 다시 식품건조기에서 65℃로 건조시킨 다음 사용한다.

가니시 사용 샘플

레몬 무스

사이펀으로 짠 레몬 무스에 진의 향이 밴 줄레를 겹쳐 올리고, 반구형 머랭컵으로 덮은 다음, 말차가루를 뿌린 디저트. 머랭을 부수면서 먹으면 식감에 악센트가 생겨 더욱 맛있게 즐길 수 있다. 반구형은 이처럼 어떤 재료든 덮을 수도 있고, 뒤집어서 그릇처럼 사용할 수도 있다.

입체, 구체 | Solid, Sphere

가루 상태의 건조 난백을 사용하여 만든 머랭으로, 가열할 필요가 없어 다루기 쉽다. 여기서는 완두콩즙을 사용했는데, 휘핑하여 공기를 넣는 공정 때문에 맛이 연해진다. 진한 맛의 재료와 조합하면 잘 어울린다.

— 담당/가토 준이치(L'ARGENT)

재료 (만들기 쉬운 분량)

완두콩(열매) 200g
물 100g
시럽* 50g
잔탄검* 1g
건조 난백 35g

*시럽
물과 설탕을 1:1로 섞고 끓여서 녹인 것.
*잔탄검
여기서는 SOSA사의 증점제 「Xantana」를 사용.

58

건조 난백 머랭

Dried Egg White Meringue

색   연녹색
촉감   사박사박
보형성 있음
난이도 ★★★☆☆

만드는 방법

1. 껍질을 제거한 생완두콩과 물을 넣고 믹서에 부드러워질 때까지 섞는다. 키친페이퍼를 깐 체로 반나절 정도 천천히 거른다.
2. 체로 거른 완두콩즙을 믹싱볼에 담고 시럽, 잔탄검을 넣어 믹서로 섞는다.
3. 전체가 잘 어우러지고 점도가 생기면, 건조 난백을 넣고 뿔이 뾰족하게 설 때까지 섞는다.
4. 3을 지름 5㎜ 깍지를 끼운 짤주머니에 넣는다. 오븐시트에 원하는 모양으로 짜서 올린다. 여기서는 염주처럼 지름 약 8㎜의 구슬이 여러 개 이어진 모습으로 짰다.
5. 4를 식품건조기에 넣고 건조시킨다. 일반 머랭은 90℃ 정도로 예열한 오븐에 구워 굳히지만, 여기서는 건조 난백을 사용했기 때문에 온도는 관계없다. 건조가 끝나면 오븐시트에서 떼어내고 사용한다.

가니시 사용 샘플

완두콩*

데친 완두콩과 그 소스 등을 그릇에 담고, 허브를 듬뿍 올린 다음, 그릇 안쪽면에 화관모양의 건조 난백 머랭을 장식한다. 머랭을 부수거나, 밑의 소스에 찍어 먹는 등 자유자재로 즐길 수 있다. 여기서는 머랭을 완두콩즙으로 만들었지만, 그 밖에도 비트처럼 맛과 색이 진한 재료라면 같은 방법으로 만들 수 있다.

*알갱이가 크고 섬세한 단맛을 가진 와카야마현 기슈의 특산 완두콩 사용.

입체, 구체 | Solid, Sphere

얇은 막에 감싸인 말랑말랑한 구체는, 「스페리피케이션」이라 불리는 분자요리의 구체화 기법으로 만든 것이다. 알긴산나트륨과 칼슘을 반응시켜서 액체를 막으로 감싸, 공모양으로 만드는 기술이다.

― 담당/하시모토 고이치(CELARAVIRD)

재료

칼슘 베이스(50인분)
염화칼슘 12g / 물 1,500ℓ

노란색 구(50인분)
물 100cc / 엘더플라워 시럽 15g
색소(노랑) 조금 / 베지터블 젤라틴* 6g
식용유 적당량

볼 베이스(50인분)
물 900cc / 버터플라이피* 3g
엘더플라워 시럽 270g / 알긴산나트륨 6g

시럽(50인분)
물 900cc / 엘더플라워 시럽 270g

*베지터블 젤라틴
SOSA사의 겔화제. 65℃ 이하에서 겔화하기 때문에, 상온~따뜻한 온도의 요리에도 사용할 수 있다.
*버터플라이피
허브차의 원료 등으로 친숙한 콩과 식물「나비완두콩」의 영어 이름. 푸른색으로 발색하는 색소를 지녔다.

59

반딧불
Firefly

색	보라색 투명
촉감	말랑말랑
보형성	있음
난이도	★★★★★

만드는 방법

칼슘 베이스
재료를 큰 용기에 함께 넣고 골고루 섞는다.

노란색 구
1. 식용유 외의 재료를 냄비에 함께 넣고 가열하여, 전체를 골고루 녹이면서 섞는다.
2. 1을 주사기 안에 넣고(스포이트 등을 사용해도 좋다), 냉장고에서 차갑게 한 식용유에 1방울씩 떨어뜨려 작은 공모양을 만든다. 이 과정이 없는 가니시가 p.158의 「한천 줄레 알」이다.
3. 2를 차거름망으로 건져 낸다.

볼 베이스
1. 냄비에 물을 넣고 불에 올린다. 버터플라이피를 넣고 뚜껑을 덮은 다음, 10분 동안 뜸을 들여 색을 들인다.
2. 1을 체로 거른 후 엘더플라워 시럽을 넣고 섞는다.
3. 2에 900cc당 알긴산나트륨 6g을 넣고 골고루 섞어 잘 녹인 다음, 체로 거른다.

시럽
재료를 냄비에 함께 넣고 불에 올려 골고루 섞는다. 큰 용기에 옮긴다.

완성
1. 15cc 계량스푼에 볼 베이스와 노란색 구를 4개 담는다.
2. 1을 칼슘 베이스 안에 넣어 공모양으로 만든다. 표면에 얇은 막이 생기면, 구멍 스푼으로 떠서 물(분량 외)에 담근 후 표면을 씻는다.
3. 시럽을 넣은 용기에 옮기고, 시럽에 잠긴 채로 보관하여 맛이 배도록 한다. 제공 전에 시럽에서 꺼내어 사용한다.

가니시 사용 샘플

반딧불

「스페리피케이션」이란 알긴산나트륨과 칼슘을 반응시켜, 얇은 막 속에 원하는 액체를 가둬서 공모양으로 만드는 기술이다. 여기서는 버터플라이피를 우려내어 얻은 허브티 액체에, 베지터블 젤라틴과 시럽으로 만든 노란색 구를 띄워서 막으로 감싸, 밤하늘에 춤추는 반딧불을 표현했다. 안에 들어가는 액체를 바꾸어서 응용할 수 있다.

입체, 구체 | Solid, Sphere

액체를 얇은 막으로 감싸서 공모양으로 만드는 「스페리피케이션」. 반딧불(p.126)과 같은 방법처럼 보이지만, 여기서는 칼슘 수용액을 알긴산나트륨 수용액 안에 떨어뜨리는 「리버스 스페리피케이션」이라 불리는 방법을 사용했다.

— 담당/하시모토 고이치(CELARAVIRD)

재료

플라초코 (45인분)
플라초코*(시판품) 10g / 콘스타치 조금

볼 베이스 (16인분)
물 900cc / 젖산칼슘 16g
엘더플라워 시럽(시판품) 300cc / 은박(식용) 2장

알긴 베이스 (45인분)
알긴산 10g / 물 2ℓ

시럽 (45인분)
엘더플라워 시럽 150cc / 물 450cc

*플라초코
세공용 초코 시트.

60

스노 글로브
Snow Globe

색 　　투명 ○
촉감 　말랑말랑
보형성 있음
난이도 ★★★★★

만드는 방법

플라초코
플라초코 표면에 콘스타치를 뿌리고, 파스타머신으로 두께 2mm의 시트 상태로 늘린 후 꽃모양 크래프트 펀치로 찍어낸다.

볼 베이스
1 냄비에 물, 젖산칼슘, 엘더플라워 시럽을 함께 넣고 거품기로 섞는다. 잘 녹지 않으므로 끓여서 골고루 섞는다.
2 1을 볼에 옮기고 얼음물에 받쳐 급랭한다. 은박(식용)을 넣고 섞는다. 시간이 지나면 거품이 없어진다. 디스펜서에 넣는다.
3 반구형 실리콘틀에 플라초코 꽃을 넣는다. 디스펜서를 이용하여 **2**의 액체를 그 위에 넣는다. 냉동실에 얼린다.

알긴 베이스
1 알긴산과 물을 함께 블렌더로 섞어 녹인다. 냄비에 넣고 한소끔 끓인다.
2 60℃까지 식으면 큰 용기에 옮긴다.

시럽
재료를 냄비에 함께 넣고, 불에 올려 골고루 섞는다. 큰 용기에 옮긴다.

완성
1 얼린 볼 베이스를 틀에서 꺼내고 60℃의 알긴 베이스 안에 넣는다.
2 표면이 얇은 막에 감싸이면 물(분량 외)을 넣은 용기로 옮겨 표면을 씻는다. 다시 시럽을 넣은 용기에 옮기고, 시럽에 잠긴 채로 보관하여 맛이 배게 한다. 제공 전에 시럽에서 꺼내어 사용한다.

가니시 사용 샘플

스노 돔

미니 몽블랑, 설탕공예를 입힌 초콜릿 타르트, 실링 스탬프 모양의 라즈베리 초콜릿, 스노 돔 등을 케이스에 넣은 디저트 한 세트. 스노 돔은 흔들면 안에서 은박과 플라초코가 움직이고, 입에 넣으면 얇은 막이 터지면서 안에 있는 엘더플라워 시럽이 흘러나온다. 시각적으로도 미각적으로도 놀라움이 가득하다.

입체, 구체 | Solid, Sphere

심플한 설탕공예. 여기서는 원뿔 모양으로 늘렸지만, 공모양 등 다양하게 만들 수 있다. 설탕공예는 특별한 기술이 필요해 보이지만 심플한 것은 도전하기 쉽고, 요리의 이미지에도 큰 영향을 주는 아이템이다.

— 담당/다카하시 유지로(LE SPUTNIK)

재료 (만들기 쉬운 분량)

그래뉴당 500g
물 140g
물엿 100g
타르타르 크림* 적당량

*타르타르 크림
타르타르산 수소칼륨이 원료인 흰색 가루. 조청이 쉽게 결정화되지 않고, 잘 늘어나게 만드는 효과가 있다. 쉬크르 쿨레(Sucre Coule)에는 필요없지만, 조청을 「쉬크르 티레(Sucre Tire)」할 때는 유용한 첨가제다.

61

설탕공예
"AMEZAIKU" Candy

색	투명 ○
촉감	파삭파삭
보형성	있음
난이도	★★★★☆

만드는 방법

1. 재료를 모두 냄비에 넣고 센불에 올린다. 끓으면 약불로 낮추어 졸인다. 전체가 잘 녹아 어우러지고 175℃가 되면 불을 끈다.
2. 지름 약 8㎝ 원형틀을 **1**의 조청에 담갔다가 틀 가장자리에서부터 조청막을 늘여 나간다.
3. **2**의 조청이 뜨거울 때 막의 일부를 잡고, 찢어지지 않도록 조금씩 비틀면서 잡아당겨 조청이 원뿔 모양이 되도록 늘인다.
4. 지름 약 7㎝ 원형틀(**2~3**에서 사용한 틀보다 지름이 조금 작은 것) 가장자리를 토치로 달군다.
5. **3**의 원형틀에서 조청이 묻지 않은 구멍 쪽으로 **4**의 원형틀을 넣어, 틀 사이의 열로 조청과 원형틀이 붙은 부분을 분리시킨다.

가니시 사용 샘플

금귤 한라봉 캐모마일 생강

생강 풍미의 블랑망제, 허니 아이스크림에 감귤 소스, 한라봉 과육, 금귤 콩포트, 캐모마일 거품과 줄레 등을 곁들인, 달콤하고 화려하면서도 상큼한 디저트다. 여기에 높게 뽑은 설탕공예를 씌워 부수면서 먹을 수 있는, 촉감의 악센트가 되도록 완성했다.

입체, 구체 | Solid, Sphere

언뜻 황금색 종이로 접은 종이학처럼 보이지만, 사실 먹을 수 있는 것이다. 샐러리악 페이스트를 건조시켜 접었는데, 다른 모양으로도 접을 수 있다. 아뮤즈, 전채, 메인 디시의 곁들임 등 여러 상황에 활용할 수 있는 가니시다.

— 담당/하시모토 고이치(CELARAVIRD)

재료 (만들기 쉬운 분량)

샐러리악 2㎏
판젤라틴 20g

62

종이학
"ORIGAMI" Paper Cranes

색
        황금색

촉감
        파삭파삭 보슬보슬

보형성
        있음

난이도
        ★★★☆☆

만드는 방법

1. 샐러리악은 껍질을 벗기고 알맞은 크기로 자른다. 넉넉한 분량의 뜨거운 물에 부드러워질 때까지 데친다.
2. 1을 체로 거른다. 믹서에 적은 양의 데친 물과 함께 옮겨서 간다. 불린 판젤라틴을 넣는다. 여과기로 거른다.
3. 2를 실패드에 두께 약 1㎜로 넓게 편다. 선풍기 등의 바람으로 하룻밤 건조시킨다.
4. 3을 가로세로 8㎝ 정사각형으로 자른다. 종이접기 방식으로 종이학을 접는다. 종이학이 완성되면 식품건조기에 70℃로 건조시킨다.

가니시 사용 샘플

샐러리악 종이학

콩소메로 삶은 샐러리악 위에 뿔닭 푸아 그라 소테를 올리고, 포트와인 소스를 끼얹는다. 샐러리악 시트로 접은 종이학을 그 옆에 곁들인다. 입에 넣으면 파삭하고 섬세한 텍스처가, 요리 전체 식감의 악센트가 된다. 여기서는 학모양으로 접었지만, 어떤 모양이든 접을 수 있다.

입체, 구체 | Solid, Sphere

다르질링 찻잎을 우려 만든 밀크티 무스를 공모양으로 얼린 것. 젤라틴을 넣어서 얼려도 입에서 잘 녹고, 향이 좋은 것이 특징이다. 다르질링 외에도 허브, 향신료 등 우려서 사용하는 것이라면 무엇이든 대체할 수 있다.

— 담당/가토 준이치(L'ARGENT)

재료 (만들기 쉬운 분량)

우유 115g
생크림(유지방분 38%) 85g
찻잎(다르질링) 14g
달걀노른자 25g
그래뉴당 25g
판젤라틴 3g
밀크초콜릿* 85g

* 밀크초콜릿
VALRHONA사 「지바라 라테 40%」를 사용.

63

다르질링 무스
Darjeeling Tea Mousse

색	갈색
촉감	매끈매끈
보형성	없음
난이도	★★☆☆☆

만드는 방법

1 우유, 생크림을 냄비에 넣고 불에 올린다.
2 끓으면 찻잎(다르질링)을 넣고 뚜껑을 덮는다. 1분 정도 뜸을 들여 향을 낸다. 체로 천천히 거른다.
3 달걀노른자, 그래뉴당을 볼에 함께 넣고 충분히 섞는다.
4 체로 거른 **2**를 다시 끓이고, **3**의 볼에 넣어 섞는다. 뜨거울 때 불린 판젤라틴을 넣는다.
5 다른 볼에 밀크초콜릿을 넣고 **4**를 붓는다. 핸드블렌더로 섞어 유화시킨다.
6 **5**를 원하는 틀에 붓고, 냉동실에서 굳힌다. 여기서는 p.46 「커브드 쿠키」와 조합하여 사용하기 때문에, 지름 약 2.5㎝ 공모양의 실리콘틀에 넣었다. 굳으면 틀에서 꺼내어 사용한다.

〈가니시 사용 샘플은 p.47〉

거품 | Foam

64 유자즙 거품
"YUZU" Flavored Foam

65 훈제 베이컨 풍미의 거품
Smoked Bacon Flavored Foam

66 로즈워터 거품
Rosewater Foam

67 누베
"Nube"

68 아보카도 피스타치오 무스
Avocado Pistachio Mousse

69 에어 초콜릿
Frozen Chocolate Foam

70 머랭 수플레
Meringue "Souffle"

거품 | Foam

대두 레시틴을 사용하여 만든, 아주 심플한 거품. 여기서는 유자즙을 사용했지만, 대두 레시틴은 종류를 가리지 않고 대부분의 액체에서 거품을 낼 수 있다. 시간이 지나면 거품이 약해지므로, 그때그때 사용할 만큼만 거품을 내는 것이 철칙이다. — 담당/가토 준이치(L'ARGENT)

재료 (만들기 쉬운 분량)

유자즙 200cc
대두 레시틴 1g

64

유자즙 거품
"YUZU" Flavored Foam

색	흰색 ○
촉감	폭신폭신
보형성	없음
난이도	★ ☆ ☆ ☆ ☆

만드는 방법

1 유자는 씨를 제거하고, 즙을 짜낸다.
2 1에 대두 레시틴을 넣고, 핸드믹서로 섞으면서 거품 상태를 만든다. 대두 레시틴은 어떤 액체에서든 거품을 만들 수 있지만, 너무 많이 넣으면 콩맛이 강해지므로 액체의 0.5% 분량 정도로 유지한다.

〈가니시 사용 샘플은 p.73〉

훈제향이 밴 베이컨 육수에, 유화안정제 「수크로 에멀」을 넣어 거품 상태를 만든다. 단순한 거품으로 보이지만 입안에 머금으면 감칠맛, 짭짤함, 훈연향이 퍼진다. 여기서는 에어펌프를 사용하여 거품을 냈지만, 블렌더를 대신 사용해도 좋다.
— 담당/하시모토 고이치(CELARAVIRD)

재료 (만들기 쉬운 분량)

베이컨 1kg
양파 1개
당근 1개
샐러리 100g
물 적당량
수크로 에멀* 전체의 0.5% 분량

*수크로 에멀(SUCRO EMUL)
SOSA사의 유화안정제. 거품 형성에 효과적인 유화안정제로, 거품 지속시간이 대두 레시틴보다 길다.

65

훈제 베이컨 풍미의 거품
Smoked Bacon Flavored Foam

색	흰색 ◯
촉감	폭신폭신
보형성	없음
난이도	★★☆☆☆

만드는 방법

1. 베이컨을 알맞은 크기로 자른다. 오일을 두르지 않고 노릇해질 때까지 굽는다.
2. 양파, 당근, 샐러리를 주사위 모양으로 잘라 타지 않게 뭉근히 볶아 미르푸아*를 만든다. 이것과 물, **1**을 압력솥에 함께 넣어 가열한다.
3. 끓으면 약불로 줄이고 약 20분 끓인다. 압력솥의 핀이 내려가 뚜껑이 열리면 식혀서 체로 거른다.
4. **3**에서 걸러낸 액체에 수크로 에멀을 넣고 섞는다. 밀폐용기에 넣어 스모킹건으로 훈연하고 뚜껑을 덮는다. 2시간 정도 두어 훈제향이 액체에 배게 한다.
5. **4**를 깊은 용기에 넣고 에어펌프 튜브를 꽂아 넣는다. 전원을 키고, 공기를 주입하여 거품을 만든다. 핸드블렌더 등을 사용하여 휘핑해도 좋다.

〈가니시 사용 샘플은 p.83〉

*미르푸아
각종 채소를 큐브 모양으로 썬 혼합물로, 주로 요리에 맛과 향을 더해주는 향신료로 쓰인다.

거품 | Foam

대두 레시틴과 에어펌프로 만든 거품. 만드는 방법은 간단하지만 사랑스러운 핑크빛, 장미향, 크랜베리 풍미가 돋보이는, 존재감 넘치는 가니시다. 전채부터 메인 디시, 디저트까지 모든 요리에 응용할 수 있다.

— 담당/하시모토 고이치(CELARAVIRD)

재료(45인분)

로즈워터(식용/시판품) 50cc
꿀 25g
크랜베리 주스(시판품) 150cc
레몬즙 30cc
대두 레시틴 2g

66

로즈워터 거품
Rosewater Foam

만드는 방법
1 재료를 모두 볼에 넣고 골고루 섞는다.
2 에어펌프 튜브를 꽂아 넣어 전원을 키고, 공기를 주입하여 거품을 만든다. 핸드블렌더 등을 사용하여 휘핑해도 좋다.

색	분홍색 ●
촉감	폭신폭신
보형성	없음
난이도	★ ☆ ☆ ☆ ☆

가니시 사용 샘플

봄의 고원

풀과 꽃으로 화려하게 장식한 유리그릇에 프레시 치즈 무스, 로즈워터 거품, 식용꽃을 담았다. 그릇 테두리에 나비 모양의 사과칩과 비트 피클을 군데군데 담아 꽃과 풀이 싹트기 시작하는 봄의 고원을 표현했다. 곁들이기 쉬운 거품도, 색감과 맛을 내는 방법에 따라 주인공의 존재감을 드러낼 수 있는 좋은 예다.

거품 | Foam

스페인어로 구름을 의미하는 「누베」. 2000년 분자요리의 진원지인 스페인 「엘 불리(El Bulli)」에서 탄생한, 액체에 젤라틴을 넣어 보형성을 높인 거품 테크닉. 여기서는 비트파우더로 색을 입혔다.

— 담당/다카하시 유지로(LE SPUTNIK)

재료 (만들기 쉬운 분량)

해초 다시* 400g
판젤라틴 12g
소금 적당량
비트파우더 적당량

*해초 다시
미역 등 다양한 해초 종류를 물과 함께 1시간 정도 끓인 것.

67

누베
"Nube"

색	흰색 붉은색 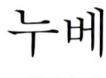
촉감	폭신폭신
보형성	있음
난이도	

만드는 방법

1. 해초 다시를 200g씩 둘로 나누고, 한쪽은 볼에 넣어 얼음물로 받쳐둔다. 다른 쪽은 냄비에 담고, 불린 판젤라틴을 넣은 다음 불에 올려 데운다.
2. **1**의 판젤라틴이 녹으면 불을 끈다. 얼음물로 받친 볼에 넣는다. 급랭하면서 거품기로 섞는다.
3. 체온 이하까지 식으면 믹싱볼에 넣고 스탠드믹서로 섞는다. 이때도 볼을 얼음물로 받쳐 식히면서 거품을 낸다. 이는 젤라틴의 작용을 보다 활성화하기 위해서다.
4. **3**을 소금으로 간을 한다. 이대로 사용해도 좋지만, 여기서는 비트파우더를 뿌리고 섞어서 색을 입혔다.

가니시 사용 샘플

참치 홀스래디시 비트 해초

네모나게 썬 참치에 홀스래디시 크림을 바르고, 해초 다시 베이스의 누베로 감싼 아뮤즈. 젤라틴 작용을 이용하여 만든 누베는, 거품처럼 입안에서 사르르 녹는 것이 특징이며, 먹기 전까지 조금도 사그라들지 않고 모양을 유지한다. 베이스 액체는 어떤 재료로든 만들 수 있으며, 여기에 색도 입힐 수 있어 누베의 표현 범위는 매우 넓다.

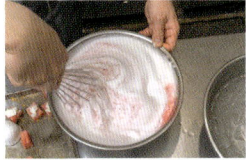

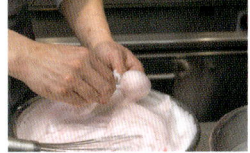

거품 | Foam

아보카도, 피스타치오, 졸인 오렌지주스를 풍미의 베이스로 하고, 생크림, 달걀흰자, 젤라틴을 넣어 무스 상태로 만들었다. 이를 진공용기에 넣고, 무스 안의 기포를 부풀리면 공기처럼 가벼운 촉감으로 완성된다.

— 담당/하시모토 고이치(CELARAVIRD)

재료 (만들기 쉬운 분량)

오렌지주스(시판품. 졸인) 90㏄
판젤라틴 3g
아보카도 1개
피스타치오 퓌레(시판품) 25g
라임즙 조금
색소(녹색) 조금
생크림(유지방분 35%) 130g
달걀흰자 100g
소금 조금

68

아보카도 피스타치오 무스

Avocado Pistachio Mousse

색	연두색 ●
촉감	폭신폭신
보형성	없음
난이도	★★★★☆

만드는 방법

1 오렌지주스를 냄비에 넣고 1/4 분량이 될 때까지 졸인다. 중탕하면서, 불린 판젤라틴을 넣어 섞는다.
2 아보카도 껍질을 벗기고 씨를 제거한 후 알맞은 크기로 자른다. 피스타치오 퓌레, 라임즙, 색소, 1과 함께 원통형 용기에 넣고, 핸드블렌더로 퓌레 상태가 될 때까지 섞는다.
3 다른 볼에 생크림, 달걀흰자를 각각 담고 거품을 충분히 낸다.
4 2와 3의 생크림, 달걀흰자를 모두 합쳐 가볍게 골고루 섞는다. 소금으로 간을 한다. 전체가 잘 어우러지면 진공용기에 넣어 진공 상태를 만든다. 냉동실에서 6시간 정도 얼린다.
5 제공 직전 4의 용기에서 스푼 등으로 얼린 무스를 떠서, 액체질소를 부은 용기 안에 넣었다 꺼낸다.

가니시 사용 샘플

숲의 아침

돌과 가지를 깔고, 드라이아이스를 보이지 않게 담은 그릇에 아보카도 피스타치오 무스를 올린 다음, 손님 앞에서 편백나무향이 밴 액체를 그릇에 둘러 붓는다. 피어오르는 수증기와 편백나무향이 말 그대로 숲의 아침 안개 같다. 무스는 한번 진공상태가 되면 안의 기포가 팽창하여, 입안에 넣었을 때 순식간에 녹는 공기처럼 가벼운 텍스처로 완성된다.

거품 | Foam

초콜릿, 물, 대두 레시틴으로 만든 거품. 이대로도 디저트의 곁들임으로 충분하지만, 여기서는 이것을 다시 얼려, 입안에 넣는 순간 사르르 녹는 거품 얼음으로 만들었다. 초콜릿 대신 과일로도 만들 수 있다.

— 담당/하시모토 고이치(CELARAVIRD)

재료 (만들기 쉬운 분량)

물 1.2kg
대두 레시틴 4g
초콜릿 400g

69

에어 초콜릿
Frozen Chocolate Foam

색
　　갈색 ●

촉감
　　폭신폭신

보형성
　　없음

난이도
　　★★★☆☆

만드는 방법

1 냄비에 물을 넣고 끓인다. 끓으면 불을 끄고 대두 레시틴을 섞어 녹인다.
2 초콜릿을 부순다. **1**의 냄비에 넣고 섞는다.
3 에어펌프 튜브를 꽂아 넣고 전원을 키고, 공기를 주입하여 거품을 만든다. 핸드블렌더 등을 사용하여 휘핑해도 좋다.
4 **3**을 그대로 사용해도 좋지만, 여기서는 거품을 얼린 다음 사용했다. 차갑게 해둔 온더락잔 가장자리에 비닐랩을 둥글게 붙여 높이를 높인 다음, **3**의 거품을 넣고 냉동실에 얼리는 과정을 반복한다. 일반적인 냉동실은 주기적으로 성에를 제거하는 자동제거 기능을 갖추고 있다. 때문에 서리 제거 타이밍에 냉동하면 거품이 제거되므로, 타이밍에 주의한다.
5 얼면 비닐랩을 제거하고 사용한다.

가니시 사용 샘플

에어 초콜릿 수플레 글라스

차가운 온더락잔 바닥에 캐러멜화시킨 마카다미아를 깔고, 얼린 초콜릿맛 거품을 겹쳐 올린 다음, 코코아파우더를 뿌린 디저트. 구성요소만 보면 빙수 같지만, 거품을 얼리면 얼음보다 식감이 훨씬 부드럽고 섬세하다. 물론 얼리지 않고 초콜릿 풍미의 거품으로 활용할 수도 있다.

거품 | Foam

건조 난백을 사용하여 만든 머랭을 저온에 구워, 입안에서 가볍게 녹는 수플레로 완성한다(사진은 완성 전). 여기서는 네모나게 짜서 구웠는데, 모양은 자유자재다. 그대로 두면 거품이 사그라들지만, 구우면 모양이 유지된다.

— 담당/다카하시 유지로(LE SPUTNIK)

재료 (만들기 쉬운 분량)

물 150g
알부미나* 11g
소금 1g
버섯가루* 적당량

*알부미나
SOSA사의 건조 난백. 가열하지 않아도 기포성이 높고, 세밀하여 안정성이 높은 거품을 만들 수 있다.

*버섯가루
버섯을 얇게 썰어 66℃로 예열한 오븐이나 식품건조기에 하룻밤 건조시킨 후, 믹서로 파우더 상태를 만든 것.

70

머랭 수플레
Meringue "Souffle"

색	흰색 연갈색
촉감	폭신폭신
보형성	없음
난이도	★★★☆☆

만드는 방법

1. 물, 알부미나, 소금을 볼에 함께 넣고 섞는다. 뿔이 뾰족하게 선 상태로 만든다.
2. 1에 버섯가루를 차거름망으로 뿌려 넣는다.
3. 2의 거품이 꺼지지 않게 짤주머니에 넣고 틀에 짠다. 여기서는 가로세로 약 7㎝ 정사각형 틀 안쪽의 네 변을 따라가면서 짜 넣었다. 110℃로 예열한 오븐에 7분 가열한다.
4. 굳으면 틀에서 떼어내고 사용한다.

가니시 사용 샘플

양송이버섯 달걀 트러플

브리오슈, 버섯 뒥셀, 베이컨과 양송이버섯 소테를 겹쳐 올리고, 사방을 머랭으로 둘러 싼다. 굽기가 끝난 다음 그 안에 날달걀 노른자를 떨어뜨리고 위에 블랙트러플을 깎아 듬뿍 뿌려서 제공하면, 나이프로 찔렀을 때 달걀노른자가 흘러나온다. 수플레에 버섯가루를 넣었지만 완두콩, 옥수수 등으로 대체해도 좋다.

퓌레, 줄레, 액체 | Puree, Gelee, Liquid

71 | 토마토 퓌레
Tomato Agar Puree

72 | 블루 퓌레
Blue Puree

73 | 민트 젤리
Mint Jelly

74 | 블루 줄레
Blue Gelee

75 | 알모양 줄레
Agar Gelee Balls

76 | 식초 퓌레
Vinegar Puree

77 | 태운 레몬 퓌레
Browned Lemon Puree

78 | 돼지감자 농축액
"KIKUIMO" Extract

79 | 누에콩 농축액
Fava Beans Extract

80 | 물결 줄레
Water Ripple Gelee

퓨레, 줄레, 액체 | Puree, Gelee, Liquid

완숙 토마토로 만든 선명한 붉은색 퓨레. 적은 양으로도 진한 감칠맛, 단맛, 신맛이 느껴진다. 겔화제를 넣고 점도를 내서, 쉽게 흐르지 않은 텍스처로 완성했다.
— 담당/다부치 다쿠(S'ACCAPAU)

재료 (만들기 쉬운 분량)

완숙 토마토 5개
에스트라토 디 포모도로* 15g
소금 적당량
그래뉴당 적당량
화이트와인 식초 적당량
아가아가* 전체의 0.35% 분량

*에스트라토 디 포모도로
「토마토 농축액」이라는 뜻의 이탈리아어로 농축 토마토, 엑스트라버진 올리브오일, 소금을 주재료로 만든 이탈리아 토마토 가공품이다. 진한 토마토 풍미와 색이 특징이다.

*아가아가
SOSA사의 겔화제. 상온 근처에서 응고하기 때문에 식혀서 굳힐 필요가 없다.

71

토마토 퓨레
Tomato Agar Puree

색	붉은색
촉감	말랑말랑 반들반들
보형성	있음
난이도	

만드는 방법

1 완숙 토마토는 꼭지를 떼서 알맞은 크기로 썰고, 에스트라토 디 포모도로와 함께 믹서에 섞는다. 체로 거른다.
2 맛을 봐가면서 1에 소금, 그래뉴당, 화이트와인 식초를 넣고 섞는다.
3 2를 냄비에 옮기고 겔화제를 넣어 섞는다. 불에 올려, 완전히 녹도록 가열한다.
4 한소끔 끓인 다음 불을 끄고, 상온에 식혀 굳힌다.
5 완전히 굳으면 믹서에 넣고 돌린 다음, 체에 걸러 부드러운 퓨레를 만든다.

가니시 사용 샘플

겨울 방어 토마토 무* 케이퍼

겨울 방어 카르파초에 펜타스꽃, 한련잎, 꽃모양 틀로 찍어낸 무 등을 곁들여 화려한 인상을 준다. 여기에 토마토 한천 퓌레를 군데군데 올려 소스 대신 맛보도록 완성한다. 퓌레에 겔화제를 넣으면 상온에서도 쉽게 묽어지거나 흐르지 않는 텍스처가 되므로, 접시 위에서의 표현 범위가 넓어진다.

*맵지 않은 교토 특산의 쇼고인[聖護院] 무를 사용.

퓨레, 줄레, 액체 | Puree, Gelee, Liquid

선명한 블루가 인상적인 퓨레. 새콤달콤하게 졸인 양파 페이스트에 착색료를 넣은 것으로, 일단 먹어 보면 친숙해지기 쉬운 맛이다. 착색료는 꺼리기 쉽지만, 천연착색료라면 비교적 도전하기 쉬울 것이다. — 담당/다부치 다쿠(S'ACCAPAU)

재료 (만들기 쉬운 분량)

양파 2개
그래뉴당 40g
화이트와인 식초 100g
리나블루* 적당량

*리나블루
해조류의 일종인 「스피룰리나」에 함유된 색소를 사용한, DIC사의 식품용 천연착색료.

72

블루 퓨레
Blue Puree

색	연청색
촉감	반들반들
보형성	있음
난이도	★★☆☆☆

만드는 방법

1. 양파를 슬라이스하고, 식용유(분량 외)를 두른 프라이팬에 볶는다. 숨이 죽고 단맛이 나면 그래뉴당, 화이트와인 식초를 넣어 섞고 졸인다.
2. 수분이 날아갈 때까지 졸인 다음, 불을 끄고 믹서에 옮겨 섞는다. 부드러운 페이스트 상태가 될 때까지 돌린다.
3. 2를 볼 등에 옮겨서 식힌다. 상온보다 더 식으면 리나블루를 넣고 골고루 섞는다.

가니시 사용 샘플

빙어 양파 스피룰리나 세몰리나 가루

세몰리나 가루를 묻혀 바삭하게 튀긴 빙어 아래에, 블루 퓌레로 빙어 실루엣을 그려 그림자처럼 표현한다. 선명하고 강렬한 터키 블루지만, 입안에 넣으면 양파의 단맛과 식초의 새콤함으로「아그로돌체(새콤달콤)」로 완성되는 친숙한 맛이다. 착색료의 종류를 바꾸면 다양한 색으로 만들 수 있다.

퓌레, 줄레, 액체 | Puree, Gelee, Liquid

「이에르바 부에나(Hierba Buena)」라 불리는 향이 강한 민트로 만든 젤리. 여기서는 디저트로 완성했지만, 전채 등에 청량감을 더하는 악센트로 사용할 수 있다. 가열해도 색의 변화가 없는 차즈기 잎 등으로도 응용할 수 있다.

— 담당/가토 준이치(L'ARGENT)

재료 (만들기 쉬운 분량)

이에르바 부에나* 100g
물 240g
그래뉴당 50g
판젤라틴 5g

* 이에르바 부에나
스피어민트 종류로 풋향기가 특징이다. 모히토 칵테일에 사용하는 민트로 알려져 있다. 스피어민트로도 대체할 수 있다.

73

민트 젤리
Mint Jelly

색	녹색
촉감	말랑말랑 매끈매끈
보형성	있음
난이도	★★★☆☆

만드는 방법

1. 이에르바 부에나를 1분 동안 데친다. 얼음물에 담가 급랭한다. 물기를 빼고, 잎의 단단한 부분은 잘라낸다.
2. 물과 그래뉴당을 냄비에 넣고 50℃로 데운다. 불린 판젤라틴을 넣고 섞는다. 상온에서 식힌다.
3. **1**과 **2**를 합치고 부드러워질 때까지 5분 정도 믹서로 섞는다. 체에 거른다.
4. 그릇에 붓고 냉장고에서 굳힌다. 표면에 기포가 있으면, 토치로 살짝 열을 가해서 기포를 제거한다.

가니시 사용 샘플

초코민트

초콜릿 앙글레즈를 그릇에 붓고 식혀서 굳힌 다음, 그 위에 거울처럼 윤기 있게 완성한 민트 젤리를 붓고 다시 식혀서 굳힌, 「초코민트」로 재탄생한 디저트. 청량감을 선사하는 민트 젤리는, 모히토 등에 사용하는 이에르바 부에나라는 민트를 사용하여 더욱 강한 향과 선명한 녹색으로 표현했다.

퓌레, 줄레, 액체 | Puree, Gelee, Liquid

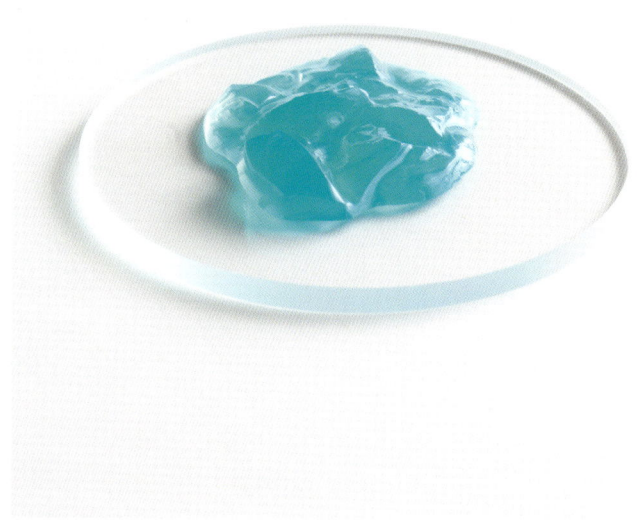

블루 퓌레(p.152)와 동일한 방법으로, 천연착색료를 사용하여 선명한 푸른색으로 완성한 대합 줄레. 요리에 푸른색을 사용하는 일은 드물지만, 어패류와 조합하여 바다를 연상시키는 등 만들기에 따라 친숙함을 줄 수 있다.

— 담당/다부치 다쿠(S'ACCAPAU)

재료 (약 35인분)

대합 5개
물 350g
콜라투라* 20g
꿀 15g
판젤라틴 전체의 1.2% 분량
리나블루* 적당량

*콜라투라
안초비 액젓.
*리나블루
해조류의 일종인 「스피룰리나」에 함유된 색소를 사용한, DIC사의 식품용 천연착색료.

74

블루 줄레
Blue Gelee

색
연청색

촉감
말랑말랑 반들반들

보형성
있음

난이도

만드는 방법

1 신선한 대합의 이음매 부분을 제거하고 껍데기를 연다.
2 냄비에 물, 콜라투라, 꿀을 함께 넣고 불에 올려 데운다. 잘 어우러지면 **1**을 넣고, 끓지 않게 육수를 10분 정도 우려낸다.
3 대합의 풍미가 액체에 배면 불을 끄고, 그대로 두어 남은 열을 제거한다.
4 식으면 대합을 꺼내고, 다시 냄비를 불에 올려 데운다. 따뜻해지면 불린 판젤라틴을 넣어 섞은 다음 불을 끄고 식힌다.
5 식으면 리나블루를 넣고 섞는다.

가니시 사용 샘플

대합 단새우 감자

감자 무스를 접시 가운데 둥근 고리 모양으로 짜고 대합살, 단새우, 잎채소를 그 위에 올린다. 블루 즐레는 대합 껍데기에 담아 제공했다가, 손님 앞에서 가운데 원 안에 붓는 연출을 선보인다. 바다를 연상시키는 선명한 푸른색과 대합, 단새우 같은 어패류의 감칠맛이 조화를 이룬다. 식욕을 떨어뜨린다는 푸른색이지만, 방법에 따라 긍정적인 효과를 내는 좋은 예다.

퓌레, 줄레, 액체 | Puree, Gelee, Liquid

분자요리에서 유행했던 퓌레를 막으로 감싸 캡슐화하는 기법「스페리피케이션」을 응용하여 만든 아이템. 여기서는 사프란으로 색을 낸 새콤달콤한 퓌레를 오일 속에 한 방울씩 떨어뜨려, 연어알 닮은 알갱이로 만들었다.

— 담당/다부치 다쿠(S'ACCAPAU)

재료 (만들기 쉬운 분량)

다시마물* 90g
쌀식초 180g
소금 2g
그래뉴당 70g
아가아가* 전체의 1.2% 분량
사프란파우더 1g

*다시마물
다시마를 하루 동안 물에 담근 후, 약불로 끓여 향이 배게 하고 거른 것.

*아가아가
SOSA사의 겔화제. 상온 근처에서 응고하기 때문에 식혀서 굳힐 필요가 없다.

75

알 모양 줄레

Agar Gelee Balls

색	오렌지색
촉감	말랑말랑 톡톡
보형성	있음
난이도	

만드는 방법

1. 다시마물, 쌀식초, 소금, 그래뉴당을 냄비에 넣어, 불에 올리고 섞는다. 겔화제, 사프란파우더를 넣고 다시 섞는다.
2. 전체가 잘 섞이고 겔화제가 완전히 녹으면, 불을 끈 후 디스펜서에 담는다.
3. 식용유(분량 외)를 볼에 넉넉히 넣고, 주위를 얼음물로 받친다. 차가워진 식용유에 디스펜서로 액체를 한 방울씩 떨어뜨린다. 이때 기름이 차가우므로, 식물성오일이나 올리브오일은 차가우면 굳기 때문에 사용하기에 적합하지 않다.
4. 식용유 안에 캡슐 상태의 줄레가 많이 생기면, 차거름망으로 걸러서 기름을 털어내고 물로 씻는다.

가니시 사용 샘플

황새치 사프란 크렘 프레슈

황새치 카르파초에 알갱이 모양으로 굳힌 새콤달콤한 줄레를 듬뿍 올리고, 크렘 프레슈를 점처럼 얹은 차가운 전채. 언뜻 연어알처럼 보이지만, 씹으면 표면의 막이 터지고 안에서 줄레가 흘러나온다. 맛을 낸 줄레를 차가운 식용유 안에 떨어뜨려 알갱이 모양으로 만드는 포인트만 파악하면, 어떤 맛이든 응용할 수 있다.

퓌레, 줄레, 액체 | Puree, Gelee, Liquid

식초로 만들어 신맛을 내는 퓌레. 겔화제인 젤란검을 사용하면 데워도 녹지 않고 모양을 유지하므로, 따뜻한 요리에 사용할 수 있다. 한 번 완전히 응고시킨 다음 믹서에 돌려, 매끄러운 질감을 표현한다. — 담당/가토 준이치(L'ARGENT)

재료(만들기 쉬운 분량)

사과식초 1ℓ
시트르산삼나트륨* 10g
젤란검* 15g

*시트르산삼나트륨
산미료, pH조절제 등으로 사용하는 식품첨가물. 여기서는 pH를 올리기 위해 사용한다.

*젤란검
SOSA사의 겔화제. 내열성이 우수하고, 응고 후 200℃ 정도까지 가열할 수 있다.

76

식초 퓌레
Vinegar Puree

색	연노란색 ●
촉감	말랑말랑
보형성	있음
난이도	★★★★☆

만드는 방법

1 사과식초를 냄비에 넣고 가열한다. 시트르산삼나트륨을 넣고 끓인다. 이후 젤란검을 넣고 퓌레 상태로 만드는데, 일반적으로 식초처럼 산성이 강한 재료는 응고가 잘 되지 않는다. 때문에 pH를 올려 산성을 낮추기 위해 시트르산삼나트륨을 넣는다.

2 끓으면 1/4 분량 정도를 다른 냄비에 옮기고, 젤란검을 넣어 핸드믹서로 섞는다. 잘 어우러지고 걸쭉해지면, 나머지 3/4 분량도 조금씩 넣으면서 핸드믹서로 적당히 섞는다. 이때도 불에 올린 채 끓는 상태를 유지한다.

3 전체가 잘 어우러지면 얼음물로 받친 볼에 옮기고, 섞으면서 식힌다. 60℃ 내외에서 응고가 시작되면, 상온 정도까지 식혀서 굳힌다.

4 3을 믹서에 넣고, 5분 정도 섞어 퓌레 상태를 만든다. 아직 덩어리가 남고 부드러운 퓌레 상태가 되지 않았으면 다시 돌린다. 필요에 따라 여과기로 거른다.

5 소스 디스펜서에 4를 채워서 사용한다. 여기서는 보온기로 데운 후 짜내어, 신맛이 있는 따뜻한 퓌레로 완성했다.

가니시 사용 샘플

산나물
허브 샐러드

개옥잠화, 머위, 브로콜리 등 감칠맛과 쌉쌀한 맛이 느껴지는 봄철 산나물에, 부드러운 신맛의 따뜻한 퓌레를 함께 한다. 보통 산성이 강하면 응고가 잘 되지 않으므로, 시트르산삼나트륨으로 pH를 조절하여 식초를 퓌레 상태의 텍스처로 표현했다. 레몬 또는 오렌지 과즙 등으로도 만들 수 있다.

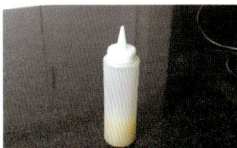

퓌레, 줄레, 액체 | Puree, Gelee, Liquid

레몬즙으로 만든 신맛의 퓌레. 식초 퓌레(p.160)와 마찬가지로, 젤란검이라는 겔화제를 사용하여 데워도 모양을 유지하기 때문에 따뜻하게 사용할 수 있다. 만들어서 하루 동안 그대로 두면 투명함이 생긴다. ― 담당/가토 준이치(L'ARGENT)

재 료 (만들기 쉬운 분량)

레몬 20개
시트르산삼나트륨* 15g
젤란검* 10g

*시트르산삼나트륨
산미료, pH조절제 등으로 사용하는 식품첨가물. 여기서는 pH를 올리기 위해 사용한다.
*젤란검
SOSA사의 겔화제. 내열성이 우수하고, 응고 후 200℃ 정도까지 가열할 수 있다.

77

태운 레몬 퓌레
Browned Lemon Puree

색	황토색 ●
촉감	말랑말랑
보형성	있음
난이도	★★★★☆

만드는 방법

1. 레몬 10개를 2등분하여, 알루미늄포일을 깐 프라이팬에 자른 면이 아래를 향하게 올린 다음 약불로 굽는다.
2. 자른 면이 검게 타면 불을 끄고, 과즙을 짠다. 나머지 레몬 10개는 굽지 않은 상태로 2등분하고 과즙을 짠다. 배합이나 조리방법은 취향에 따라 변화를 줘도 좋다. 태워서 생기는 고소하고 깊은 맛을 보충하기 위해, 여기서는 레몬 분량의 1/2만 태워서 사용한다.
3. 2의 레몬즙 2가지를 냄비에 함께 넣고 맛을 본다. 필요하면 물, 설탕, 소금 등을 넣어 맛을 내도 좋다. 시트르산삼나트륨을 넣고 끓인다. 이후 젤란검을 넣고 퓌레 상태를 만드는데, 일반적으로 식초처럼 산성이 강한 재료는 응고가 잘 되지 않는다. 때문에 pH를 올려, 산성을 낮추기 위해 시트르산삼나트륨을 넣는다.
4. 끓으면 젤란검을 넣고 핸드믹서로 섞는다. 핸드믹서를 사용하는 것은 덩어리지는 것을 막기 위해서다. 이때도 불을 끄지 않고 끓는 상태를 유지한다.
5. 3분 정도 끓는 상태를 유지해가며 계속 섞어 전체가 잘 어우러지고 걸쭉해지면, 얼음물로 받친 볼에 옮긴 다음 섞으면서 식힌다. 60℃ 내외에서 응고가 시작되면, 상온 정도까지 식혀서 굳힌다.
6. 5를 믹서에 넣고, 5분 정도 섞어 퓌레 상태를 만든다. 아직 덩어리가 남아 부드러운 퓌레 상태가 아니면 다시 돌린다. 필요에 따라 여과기로 거른다. 냉장고에서 하룻밤 휴지시킨다. 이는 섞은 후 바로 사용하면 공기가 들어가, 색이 탁해지기 때문이다.
7. 소스 디스펜서에 6을 채워서 사용한다.

가니시 사용 샘플

게* 타르트

게살을 듬뿍 넣은 타르트. 태운 레몬 퓌레의 신맛과 캐비아의 짭짤한 맛이 악센트다. 레몬 퓌레는 식초 퓌레(p.160)와 마찬가지로 원래 응고가 잘 되지 않는 신맛이 강한 레몬을 응고시킨다는 점, 데워도 모양을 유지하는 퓌레를 만들 수 있다는 점 등을 기억하면 폭넓게 사용할 수 있는 레시피다.

*진한 풍미와 단맛이 특징인 시즈오카현 특산의 게 사용.

퓌레, 줄레, 액체 | Puree, Gelee, Liquid

돼지감자를 쪄서 추출한 순도 100% 농축액. 소스나 육수에 활용한다. 떫은맛과 풋내가 적은 채소가 재료로 적합하고, 무 등으로도 동일한 방법으로 만들 수 있다. 젤라틴 등을 넣어 줄레로 만들 수도 있다. —담당/다카하시 유지로(LE SPUTNIK)

재료 (만들기 쉬운 분량)
돼지감자 적당량
소금 적당량
화이트와인 식초 적당량

78

돼지감자 농축액
"KIKUIMO" Extract

색	투명 ○
촉감	보슬보슬
보형성	없음
난이도	★★☆☆☆

만드는 방법
1. 돼지감자를 깨끗이 씻어 철망 올린 트레이에 껍질째 나란히 놓는다. 80℃, 습도 100% 스팀컨벡션오븐에 40분 동안 찐다.
2. 1의 돼지감자와 철망은 제거하고, 트레이로 떨어진 수분을 볼에 옮긴다.
3. 2의 액체에 소금을 뿌리고, 화이트와인 식초를 조금 넣어 맛을 조절한다.

가니시 사용 샘플

대구 이리 돼지감자 반건시

돼지감자의 속을 껍질째 파내어 플랑(flan)을 만들어서 접시에 올린다. 그 위에 돼지감자 농축액을 붓는다. 그냥 튀긴 대구 이리를, 튀김옷을 입혀 튀긴 돼지감자 껍질 속에 넣고, 그 위에 다진 마늘, 케이퍼, 허브 등을 소스 대신 곁들인다. 여기서는 육수처럼 흐르는 텍스처로 완성했지만, 줄레 등으로 만들어도 좋다.

퓌레, 줄레, 액체 | Puree, Gelee, Liquid

p.164 「돼지감자 농축액」과 동일한 방법으로 누에콩 농축액을 추출한다. 토마토 등은 비가열로 농축액을 추출할 수 있으므로, 생으로 먹는 식재료는 비가열로 추출하고 그 외의 재료는 가열해서 추출한다.
— 담당/다카하시 유지로(LE SPUTNIK)

재료 (만들기 쉬운 분량)

누에콩(껍질 제거) 200g
물 120g
소금(플뢰르 드 셀) 적당량
판젤라틴 적당량

79

누에콩 농축액
Fava Beans Extract

색	투명 ○
촉감	**말랑말랑**
보형성	**있음**
난이도	★★★☆☆

만드는 방법

1 생누에콩를 깍지에서 꺼내고 얇은 껍질을 제거한다. 진공팩에 넣고, 누에콩 무게의 60% 분량에 해당하는 물과 소금 1꼬집(플뢰르 드 셀)을 넣는다. 진공 상태를 만든다.
2 1을 80℃, 습도 100% 스팀컨벡션오븐에 12시간 동안 찐다.
3 2의 진공팩을 열어서, 두꺼운 키친페이퍼를 깐 여과기에 붓고 그대로 하루 동안 거른다.
4 추출이 끝난 액체를, 불린 판젤라틴(여기서는 수분량의 1.6% 분량이 기준)과 함께 냄비에 넣고 가열하여 녹인다.
5 젤라틴이 녹으면 불에서 내리고 식힌다.

가니시 사용 샘플

누에콩 완두싹

프로마주 블랑과 뒤섞은 누에콩. 누에콩 농축액으로 만든 퓌레를 타르트 생지에 겹쳐 올리고 다시 누에콩 무스를 짠, 온통 누에콩 일색인 타르틀레트다. 여기서는 타르틀레트를 완성하기 위해 젤라틴을 넉넉히 넣고 굳혀 퓌레로 만들었지만, 젤라틴의 농도와 유무는 취향에 맞게 조절해도 좋다.

퓌레, 줄레, 액체 | Puree, Gelee, Liquid

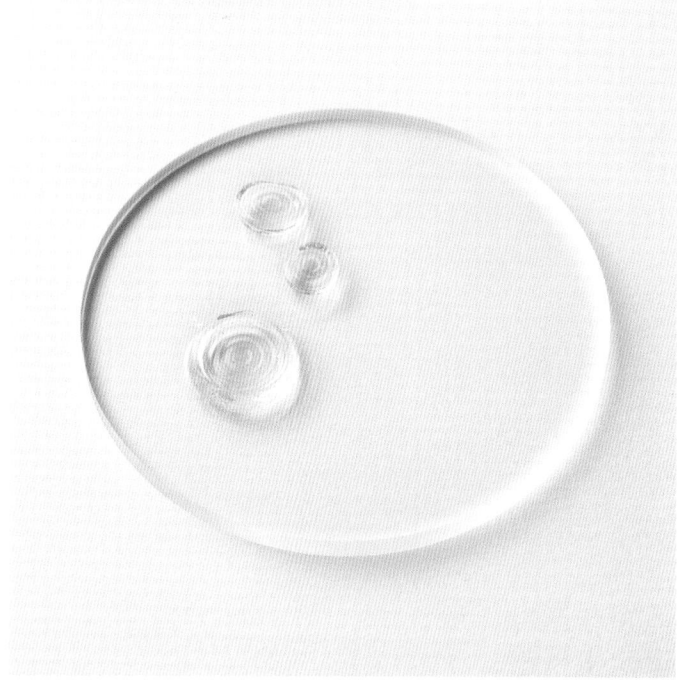

줄레는 보통 색과 맛으로 개성을 표현하는 경우가 많은데, 여기서는 모양에 신경을 썼다. 알약모양의 과자 「하이레몬」, 「요그렛」의 빈 용기를 틀 대신 사용하여, 3겹 4겹의 원 모양으로 물결을 표현했다. — 담당/하시모토 고이치(CELARAVIRD)

재료

가스파초 농축액 (18인분)
토마토 20개 / 마늘 1톨 / 양파 1개
피망(빨강) 2개 / 오이 10개
샐러리 100g / 셰리 식초 5㏄
엑스트라버진 올리브오일 100㏄
소금 조금

완성 (만들기 쉬운 분량)
가스파초 농축액 300㏄
베지터블 젤라틴* 15g

*베지터블 젤라틴
SOSA사의 겔화제. 65℃ 이하에서 겔화하기 때문에, 상온~따뜻한 온도대의 요리에도 사용할 수 있다.

80

물결 줄레
Water Ripple Gelee

색	투명 ○
촉감	말랑말랑 매끈매끈
보형성	있음
난이도	★★★☆☆

만드는 방법

가스파초 농축액

1. 토마토는 꼭지를 떼고 알맞은 크기로 자른다. 마늘, 양파는 껍질을 벗겨서 다진다. 피망은 씨와 꼭지를 제거하여 알맞은 크기로 자른다. 오이, 샐러리를 알맞은 크기로 자른다.
2. **1**, 셰리 식초, 엑스트라버진 올리브오일, 소금을 핸드블렌더로 함께 섞어 액체 상태를 만든다.
3. 종이를 깐 체에 **2**를 부어 천천히 거른다. 거른 액체를 냉장고에서 식힌다.

완성

1. 가스파초 농축액과 베지터블 젤라틴을 냄비에 함께 넣고 불에 올린다. 골고루 섞고, 끓으면 거품을 걷어낸다.
2. **1**을 주사기 안에 넣고(스포이트 등을 사용해도 좋다) 원하는 모양의 틀에 주입한다. 여기서는 알약모양 과자의 빈 용기(meiji사의 「하이레몬」 또는 「요그렛」)를 사용했다. 과자가 들어있던 공간의 1~2mm 높이까지 액체를 채운다. 상온에서 굳을 때까지 기다린다.
3. 굳으면 꼬치를 이용하여 틀에서 꺼낸다. 일부는 그대로 사용하고, 일부는 깍지 등을 사용해서 살짝 자국을 내어, 크고 작은 3종류의 물결 패턴을 만든다.

가니시 사용 샘플

비의 물결

한천으로 굳힌, 목넘김이 시원한 가스파초 농축액을 투명한 유리그릇에 붓고, 물결을 표현한 줄레를 군데군데 몇 개 올린 다음 펜타스꽃과 한련잎을 띄운다. 비가 물 표면에 떨어졌을 때의 정경을 표현한, 봄~여름에 어울리는 전채다. 알약모양 과자의 빈 용기로 만들었다고는 누구도 상상하지 못할 것이다.

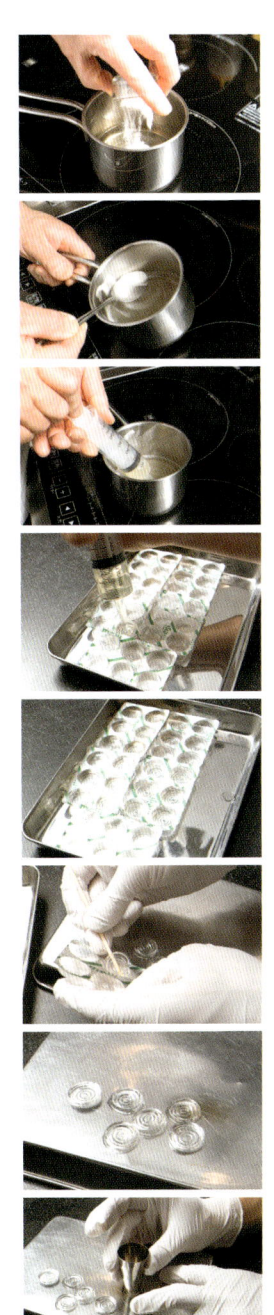

재료 | Ingredients

81 | 자색고구마 코르네
Sweet potato Cornets

82 | 말린 감귤
Dried Mandarin Orange

83 | 가리비 칩
Scallop Chips

84 | 양상추 그릇
Lettuce Bowls

85 | 펜네 크로칸테
Crispy Penne

86 | 처빌 로열 아이싱
"Glass Royale" Chervil

87 | 우엉 프리터
Burdock Fritters

88 | 비트 프리터
Beetroot "Ball of Wool"

선명한 색감의 고구마를 슬라이스하여, 원뿔형이 되도록 깍지 안에 넣고 튀긴다. 안에 크림이나 퓌레를 채워서 핑거푸드로 제공하기 좋다. 고구마 품종은 어떤 것이든 상관없지만, 당도가 너무 높으면 눌어붙을 우려가 있다.

— 담당/다카하시 유지로(LE SPUTNIK)

재 료 (만들기 쉬운 분량)

자색고구마 적당량

81

자색고구마 코르네

Sweet potato Cornets

색	보라색 ●
촉감	바삭바삭
보형성	있음
난이도	★★★☆☆

만드는 방법

1 자색고구마는 껍질을 벗기고, 슬라이서로 약 1㎜ 두께로 얇게 자른다.
2 1을 사다리꼴로 자르고, 같은 크기로 자른 오븐시트로 감싸면서 둥글게 말아 원뿔형을 만든다.
3 2를 알맞은 크기의 깍지(여기서는 길이 약 4㎝, 지름 약 3㎝ 깍지 사용)에 넣는다. 겉을 알루미늄포일로 감싼다.
4 3을 150~160℃로 가열한 식용유(분량 외)에 튀긴다. 깍지와 고구마 사이에 오븐시트를 끼우는 것은, 튀긴 후 깍지에서 쉽게 분리하기 위해서다.
5 4의 깍지에서 기포가 나오지 않으면 식용유에서 건진다. 깍지와 오븐시트를 제거하고 사용한다.

〈가니시 사용 샘플은 p.109〉

재료 | Ingredients

감귤을 한 번 얼린 다음 얇고 둥글게 썰어, 시럽을 발라 건조하듯이 구운 칩. 디저트, 프티 푸르는 물론, 전채나 메인요리에 곁들이는 아이템으로도 사용할 수 있는 가니시다. 오렌지나 레몬은 껍질이 단단하여 대체하기에는 알맞지 않다.

— 담당/다카하시 유지로(LE SPUTNIK)

재료 (만들기 쉬운 분량)

감귤 적당량
시럽(보메 30°) 적당량

82

말린 감귤
Dried Mandarin Orange

색	오렌지색
촉감	바삭바삭 사박사박
보형성	있음
난이도	★★★☆☆

만드는 방법

1. 감귤을 껍질째 냉동한다.
2. **1**의 감귤을 언 상태로 두께 1~2mm로 슬라이스한다. 실패드에 나란히 놓고, 양쪽면에 솔로 시럽을 바른다. 감귤을 1번 냉동하는 것은, 원모양으로 깔끔하게 썰기 위해서다(냉동하지 않으면 과육이 뭉개지기 때문).
3. **2**를 실패드째 오븐팬에 올리고, 80℃로 예열한 오븐에 2시간 동안 건조하듯이 굽는다.
4. 실패드에서 떼어내고 사용한다.

가니시 사용 샘플

감귤 초콜릿

퐁 드 마르졸렌(머랭에 아몬드파우더, 헤이즐넛파우더, 슈거파우더 등을 넣고 시트 형태로 구운 것)을 접시에 올리고 초콜릿 무스, 감귤 퓌레, 말린 감귤을 겹쳐 올린다. 접시 앞쪽에 초콜릿 크럼블을 깔고, 초콜릿 파우더로 가지를 그려 귤나무를 표현한 디저트. 칩을 오렌지나 레몬으로 만들면 껍질이 단단하여 씹기 어려우므로, 귤로 만드는 것이 좋다.

재료 | Ingredients

가리비 관자만으로 만든 아주 얇은 칩. 가리비살 페이스트를 얇게 펴서 오븐에 건조하듯 구우면, 자연스럽게 원통형으로 둥글게 말리어 사진과 같은 모양이 된다. 가리비 외에도 새우, 오징어처럼 전병으로 만들 수 있는 해산물이라면 대체할 수 있다. ― 담당/가토 준이치(L'ARGENT)

재료(만들기 쉬운 분량)

가리비 10개
소금 약 2g

83

가리비 칩
Scallop Chips

색	황토색
촉감	파삭파삭
보형성	있음
난이도	★★★☆☆

만드는 방법

1 가리비 껍데기를 열어 외투막을 제거한 후 관자만 남긴다.
2 **1**과 1% 분량의 소금을 푸드프로세서에 함께 섞어 페이스트 상태를 만든다.
3 **2**의 가리비 페이스트를 실패드에 매우 얇게 편다.
4 **3**을 90℃로 예열한 오븐에 1시간 건조시킨다. 이때 댐퍼(공기구멍)를 여는 등 안에 습기가 차지 않도록 주의한다.
5 오븐에서 꺼내어 실패드에서 페이스트를 떼어내고 뒤집은 다음, 다시 오븐에 90℃로 1시간 건조시킨다.
6 양쪽면이 바삭하게 건조되면 실패드에서 떼어내고, 알맞은 크기로 잘라 사용한다.

가니시 사용 샘플

가리비* 타르타르

가리비 타르타르를 돌려깎기한 무에 감싼 다음, 와사비와 버터밀크를 섞은 소스, 딜 오일을 곁들인다. 여기에 가리비 칩을 토핑하여 파삭한 식감과 진한 감칠맛을 더했다. 살을 으깨어 가공해도 맛이 약해지지 않는 새우, 오징어처럼 감칠맛 강한 해산물이라면 동일한 방법으로 만들 수 있다.

*두껍고 단맛이 강한 미야기현 특산 가리비 사용.

175

재료 | Ingredients

냄비 안 기압을 조절하여 식재료에 맛을 빠르게 침투시키는 감압 냄비. 이 원리를 진공 냄비로 재현한 방법이다. 진공 상태에서 양상추가 물을 흡수하게 하여 아삭한 촉감을 끌어낸다.

— 담당/다카하시 유지로(LE SPUTNIK)

재 료 (만들기 쉬운 분량)

양상추(조금 작은 것) 1/2통
물 적당량

84

양상추 그릇
Lettuce Bowls

색	연두색 🟢
촉감	파삭파삭
보형성	있음
난이도	★★★☆☆

만드는 방법

1 양상추를 반으로 나누고, 양상추가 잠길 정도의 물과 함께 작은 호텔팬(바트)에 넣는다. 호텔팬째로 진공팩에 넣어 진공 상태를 만든다.

2 1의 진공팩을 열어, 호텔팬에서 양상추를 꺼내고 물기를 제거한 다음 사용한다. 물 대신 조미액과 함께 진공 상태를 만들면, 재료에 조미액은 잘 침투하지만 삼투압으로 재료 자체의 수분이 조미액으로 빠져나와 식감이 나빠진다. 따라서 여기서처럼 아삭한 촉감을 끌어내야 하는 경우에는 적합하지 않다.

가니시 사용 샘플

양상추 바닷가재 핫사쿠 토마토

진공 상태는 대기보다 기압이 낮으므로, 재료 속 공기가 팽창하여 외부의 수분을 쉽게 흡수하는 상태가 된다. 이 원리를 응용하여, 진공 상태에서 양상추 잎에 물을 흡수시키면 아삭한 측감을 끌어낼 수 있다. 양상추를 그릇모양으로 만들어, 바닷가재 마리네이드, 핫사쿠(새콤달콤하고 은은한 쌉쌀함이 특징인 일본산 감귤) 또는 방울토마토를 토마토나 새우 줄레와 함께 겹쳐 올려 청량감 넘치는 셀러드로 완성한다.

재료 | Ingredients

언뜻 평범한 펜네처럼 보이지만, 한 번 데치고 건조시킨 다음 튀겨서, 크로칸테의 아삭한 식감을 표현했다. 그대로 소금을 뿌려도 좋고 속을 채워도 좋은, 만들어 놓으면 유용한 스낵이다.

— 담당/다부치 다쿠(S'ACCAPAU)

재료 (만들기 쉬운 분량)

펜네 500g
올리브오일 적당량

85

펜네 크로칸테
Crispy Penne

색	황금색
촉감	바삭바삭
보형성	있음
난이도	

만드는 방법

1 염분농도 1%인 뜨거운 물(분량 외)을 냄비에 끓이고, 펜네를 40분~1시간에 걸쳐 반죽이 말랑말랑해질 때까지 삶는다.
2 1을 체에 올리고, 전체를 올리브오일로 버무린다. 겹치지 않도록 오븐시트 위에 넓게 올린다. 70℃로 예열한 오븐에 12시간 동안 건조시킨다.
3 2를 200℃로 가열한 식용유(분량 외)에 바삭하게 튀긴다. 바로 사용하지 않는다면, 2의 과정 후 표면에 분무기로 물(분량 외)을 가볍게 뿌려서, 건조제를 넣은 용기에 담아 보관한다. 제공 직전에 동일한 방법으로 튀긴다.

가니시 사용 샘플

펜네 고르곤졸라

한 번 삶아 건조시키고, 제공 직전에 바삭하게 튀겨 낸 다음, 펜네 안에 고르곤졸라 크림을 짜 넣는다. 그 다음 삶지 않은 펜네가 듬뿍 담긴 유리잔에 올려서 제공한다. 심플한 모양이지만, 만들어 놓고 안에 넣는 재료만 바꾸면, 다양하게 응용할 수 있기 때문에 코스의 전채로 유용한 핑거푸드다.

재료 | Ingredients

마른 가지 모습의 이 가니시는 「양상추 그릇」(p.176)의 기술을 응용하여 완성하였다. 한 번 진공 상태를 만들어 생기를 불어넣은 처빌을 로열 아이싱(슈거파우더, 달걀흰자, 레몬즙으로 만든 아이싱)에 담갔다가 꺼내어 건조시켰다. 민트, 바질 등도 동일한 방법으로 만들 수 있다.

— 담당/다카하시 유지로(LE SPUTNIK)

재 료 (만들기 쉬운 분량)

처빌 적당량
물 적당량
달걀흰자 적당량
슈거파우더 적당량

86

처빌 로열 아이싱

"Glass Royale" Chervil

색	녹색 ●
촉감	사박사박 파삭파삭
보형성	있음
난이도	★★★☆☆

만드는 방법

1 처빌을 물과 함께 진공팩에 담고, 진공 상태를 만든다. 물을 흡수시켜서 생기를 불어넣는다.
2 동일한 분량의 달걀흰자, 슈거파우더를 볼에 함께 섞어, 로열 아이싱을 만든다.
3 1의 진공팩에서 처빌을 꺼내어, 2의 로열 아이싱에 담갔다가 꺼낸다.
4 3의 처빌을 컨벡션오븐에 80℃로 2시간 동안 건조시킨다.

가니시 사용 샘플

반페이유 처빌 초콜릿 민트

비스킷 쇼콜라를 깔고 주위에 반페이유(감귤류 중 열매가 가장 크고 향이 뛰어난 종류) 과육을 두른다. 그 위에 민트 무스, 반페이유 줄레, 꽃 모양의 매우 얇은 설탕공예 등을 겹쳐 올리고, 처빌 로열 아이싱을 곁들인다. 청량감과 단맛이 독특한 악센트가 된다. 로열 아이싱을 초콜릿으로, 처빌을 민트 등으로 바꾸는 등의 응용도 가능하다.

재료 | Ingredients

필러로 얇게 깎아낸 우엉을 바삭하게 튀겨서 성형한다. 그대로 안주로 내놓아도 좋지만, 여기서는 둥지처럼 둥글게 뭉치고 높이를 내서 그릇처럼 사용한다. 용도에 맞게 모양과 양에 변화를 줘도 좋다. 감자로도 만들 수 있다.

— 담당/다카하시 유지로(LE SPUTNIK)

재료(3인분)
우엉 2줄기
소금 적당량

87

우엉 프리터
Burdock Fritters

색	갈색
촉감	사박사박 파삭파삭
보형성	있음
난이도	★★☆☆☆

만드는 방법

1. 우엉을 깨끗이 씻어 껍질을 벗기고, 필러로 얇게 깎아낸다. 물에 살짝 담갔다가 체에 올려 물기를 가볍게 뺀다.
2. **1**의 물기를 완전히 닦아내지 않고, 170℃로 가열한 식용유(분량 외)에 튀김옷 없이 튀긴다.
3. 우엉에서 더 이상 수분이 나오지 않으면 건져내고, 기름기를 제거한다. 뜨거울 때 둥글게 뭉쳐서 새 둥지 모양을 만들고 위에 소금을 뿌린다.

가니시 사용 샘플

새끼 은어 우엉 오향분

둥지 모양으로 둥글게 뭉친 우엉 튀김에, 같은 우엉을 감아 바삭하게 튀긴 새끼 은어를 올린, 샴페인과 함께 즐기는 아뮤즈로 완성했다. 언뜻 장식용처럼 보이지만, 실은 전체를 모두 먹을 수 있다. 양이나 감는 방법만 바꿔도 이미지와 용도가 크게 달라지기 때문에, 간단하면서도 응용하기 좋은 가니시다.

재료 | Ingredients

감아 놓은 실타래처럼 어딘가 사랑스러운 이 가니시는, 뜨개실처럼 가늘게 잘라 바삭하게 튀긴 비트 프리터. 물론 그대로 사용해도 좋지만, 성형할 경우 뜨거운 상태에서 재빨리 작업하는 것이 포인트다. ─ 담당/하시모토 고이치(CELARAVIRD)

재 료

맛소금 (50인분)
소금 2.5g
그래뉴당 23g
구연산 3g

비트 실타래 (만들기 쉬운 분량)
비트 1개
맛소금 적당량

88

비트 프리터
Beetroot "Ball of Wool"

색	붉은색
촉감	바삭바삭 파삭파삭
보형성	있음
난이도	

만드는 방법

맛소금
재료를 모두 골고루 섞는다.

비트 실타래
1. 껍질 벗긴 비트를 회전채칼이나 필러로 매우 가늘게 썬다. 기구가 없으면 채썰기를 한다.
2. 1의 비트 13g을 170℃로 가열한 식용유(분량 외)에 살짝 튀긴다.
3. 냄비에서 건진 다음 키친타월로 기름기를 제거하고, 맛소금을 뿌린다. 뜨거울 때 탁구공 크기로 둥글게 뭉친다.

가니시 사용 샘플

실타래 비트

마치 실타래처럼 입체감을 살려 성형한 비트 안에 사워크림, 생크림, 홀스래디시를 섞은 크림을 짜 넣고, 주위에 동결건조한 비트파우더를 듬뿍 뿌린, 온통 붉은색인 전채요리. 파삭한 촉감의 비트 프리터를 바스러뜨려, 톡 쏘는 산뜻한 매운맛과 신맛의 크림을 함께 즐기기에 더욱 맛있다.

셰프 소개

Koichi Hashimoto >> CELARAVIRD

Yujiro Takahashi >> LE SPUTNIK

Taku Tabuchi >> S'ACCAPAU

Junichi Kato >> L'ARGENT

CELARAVIRD
오너셰프
Koichi Hashimoto

1970년 오사카 출생. 조리사학교 졸업 후 프랑스음식점에서 경험을 쌓고, 2003년 스페인으로 건너갔다. 산세바스티안 「MARTÍN BERASATEGUI」, 카탈루냐주 「El Bulli」에서 연수했다. 귀국 후 만다린 오리엔탈 도쿄 「TAPAS MOLECULAR BAR」에서 셰프로 근무하다가, 2015년 「CELARAVIRD」를 오픈했다.

CELARAVIRD

노쿄 요요기 우에하라의 한적한 주택가에 자리잡은 레스토랑. 「친구 집에 초대 받은 것처럼 편안하게 식사를 즐겼으면 좋겠다」는 하시모토 셰프의 바람에서 레스토랑 안은 풀오픈 키친에 셰프카운터 2석, 테이블 14석뿐이다. 인테리어는 북유럽풍의 캐주얼한 분위기를 지향한다.

東京都渋谷区上原2-8-11
TWIZA上原 1F
03-3465-8471
https://www.celaravird.com
영업시간 18시30분~22시
(예약필수, 동시제공)
휴 무 일 일요일, 월요일

─── 담당 가니시 ───

※ 가니시 사진에 붙은 번호는 각 가니시의 번호이다.

보통은 가니시에만 초점을 맞춰 생각하지 않지만, 사실 요리는 가니시와 가니시의 조합으로 이루어집니다. 제가 이들 가니시를 만들어낼 때는, 무언가 새로운 표현을 찾고 있을 때가 많은 것 같습니다. 예를 들면 저는 자연 풍경을 요리 안에 투영, 재현해보는 경우가 많은데「나뭇가지」,「돌」,「물결」,「이끼」같은 자연을 구성하는 요소는 일반 요리처럼 만들 수 없기에, 이것들을 어떻게 사용해야 재현할 수 있을지를 생각한 끝에 새로운 가니시가 탄생하곤 합니다. 즉 눈으로 본 풍경, 머릿속에 그려진 이미지를 요리로 재현하기 위한 '수단'으로 가니시가 탄생하는 것입니다. 가니시를 만들어내는 요리기술을 배운 곳 중 하나인「엘 불리」에서 익힌 것도 많지만, 특정 가니시를 만들기 위한 도구를 직접 만들거나, 최신 조리도구를 구입하여 시도하거나 하는 식으로 새로운 표현방법을 얻기 위해 항상 도전적인 자세를 유지합니다. 이는 또한 손님이 우리에게「늘 새로운 프리젠테이션을 요구한다」는 점을 뼈저리게 느끼고 있기 때문입니다. 이 기대에 부응하고 싶은 마음으로 다양한 도구를 구입해 보거나, 없으면 만들어 보거나, 매일매일 시행착오를 거듭하고 있습니다. 최근에는 레이저커터를 구입했습니다. 물론 식품가공용이 아니기 때문에, 레스토랑에서 별로 볼 기회가 없습니다. 실제 사용빈도도 매우 적지만(웃음) 그래도 새로운 기술을 하나씩 더해가는 일은 바람직하다고 봅니다. 요리의 표현 범위가 조금이라도 넓어지는 것은, 결국 손님이 기뻐할 기회가 조금이라도 늘어나는 일로 이어지기 때문입니다.

손님의 기대에 부응하고 싶은 마음 하나로, 새로운 표현방법을 항상 모색하고 있습니다

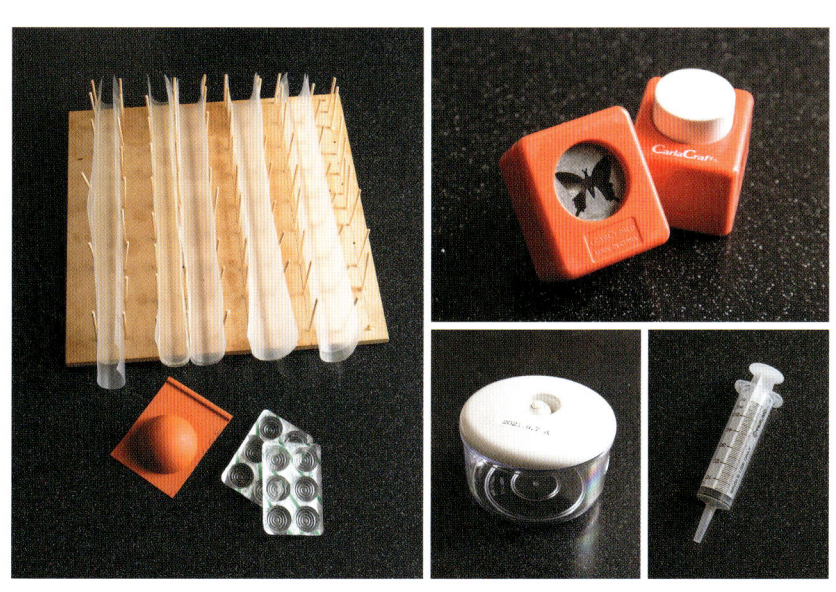

사용도구

새로운 가니시를 만드는 일에 남다른 탐구심을 지닌 하시모토 셰프. 조리용이 아니어도 각종 도구나 기계를 구입해서 시도하고, 없으면 직접 만든다고 한다. 특히 눈에 띄는 것은 왼쪽 사진에서 위에 있는 작은 나무막대와 투명필름을 조합하여 만든 판으로, p.34의 토르티야를 구부리기 위해 직접 만든 도구다.

LE SPUTNIK

오너셰프

Yujiro Takahashi

1977년 후쿠오카현 출생. 대학 졸업 후 조리전문학교에 입학, 후쿠오카에 있는 레스토랑에서 견습하고 2004년 프랑스로 갔다. 파리의 「Ledoyen」을 비롯하여 레스토랑, 파티세리에서 경험을 쌓았다. 귀국 후 2009년부터 「Le jeu de l'assiette」(도쿄 다이칸야마의 현재 「Recte」)의 셰프로 근무하다 2015년 독립, 오픈했다.

LE SPUTNIK

도쿄 롯폰기 메인거리 안쪽, 조용한 지역에 자리잡은 프랑스음식점이다. 2015년 7월에 오픈하여, 점심 저녁 모두 오마카세 코스를 각 1가지씩 제공한다. 가게 이름 스푸트니크는 구소련 무인 인공위성의 이름으로, 러시아어로 「여행의 동반자」라는 의미다. 테이블 8석 외에 룸이 2개 준비되어 있다.

東京都港区六本木7-9-9
03-6434-7080
https://le-sputnik.jp
영업시간 점심 12시~15시30분
　　　　　(L.O.13시),
　　　　　저녁 18시~23시
　　　　　(L.O.19시30분)
휴 무 일 월요일

담당 가니시

※ 가니시 사진에 붙은 번호는 각 가니시의 번호이다.

「미식」의 세계란 기본적으로 맛을 추구할 뿐 아니라, 요리 안에 무엇인가 부가가치가 없으면 성립하지 않는다는 점을 항상 염두에 두고 있습니다. 이 부가가치란, 바꿔 말하면 먹는 사람에게 비일상을 보여주는 것이라고 생각합니다. 따라서 저는 그런 부가가치, 비일상을 표현하는 방법의 하나로 가니시라는 것이 존재한다고 믿습니다. 평소 익숙하고 친숙해져 있는 재료라도 촉감을 바꾸거나, 인상적인 색이나 모양으로 만들거나 해서 비일상을 연출하고, 그것이 요리에서 가니시가 담당하는 역할이라 생각합니다. 예를 들어 고구마도 그냥 쪄서 먹으면 일상이지만, 슬라이스하여 원뿔모양으로 말고 튀기면 겉으로 보이는 이미지가 변합니다. 반대로 언뜻 보면 아무런 변화가 없는 투명한 물이라도, 그것이 돼지감자에서 얻은 농축액이라면 입에 넣는 순간 마음이 움직입니다. 이렇게 다른 곳에서 맛볼 수 없었던 구성을 선보이는 일이 미식의 세계에서는 중요하며, 그 일을 실현하기 위해 요리사는 모든 기술이나 지식을 총동원하고 있습니다. 그리고 그 표현방법을 여기서는 가니시로 통틀어 부르며 소개하고 있습니다. 이들 가니시 종류를 자신 안에 다양하게 축적해두었다는 것은, 곧 요리로 표현 가능한 범위가 넓다는 의미입니다. 가니시 종류를 늘리기 위한 아이디어의 원천은 다양한 곳에 숨어 있기 때문에, 저는 언제나 두 눈에 불을 켜고 찾기 위해 노력합니다. 다른 음식점에서 먹은 것, 텔레비전을 보다가 눈에 들어온 것, 책이나 그림, 예술작품에서 얻은 영감 등이 그렇지요. 사소한 부분에 가니시를 떠올리게 하는 힌트가 있고, 이를 나름대로 연구하여 요리에 접목시키면 결국 요리 안에 부가가치는 스며든다고 생각합니다.

가니시 종류를 늘리는 것은,
곧 요리로 표현 가능한 범위를 크게 넓히는 것

사용도구

가니시를 만들기 위한 도구는 「있는 것을 소중히 사용한다」, 「없는 것은 만들면 된다」가 원칙이다. 현재 직접 만들 수 없는 도구는 결국 구입하지만, 틀인 경우에는 우유팩을 다양한 형태로 잘라서 활용하고 있다.

S'ACCAPAU
총괄 셰프
Taku Tabuchi

1978년 도쿠시마현 출생. 오사카에서 5년 동안 이탈리아요리를 배운 후 이탈리아로 건너갔다. 이탈리아 북부에서 남부까지, 각 지역의 리스토란테에서 총 6년 동안 경험을 쌓았다. 이탈리아인 공동경영자와 함께 독일 함부르크에서 이탈리아음식점을 오픈하였고, 2016년 귀국하여 같은 해 오픈한 「S'ACCAPAU」에 기획 단계부터 참여했으며, 현재 총괄 셰프를 맡고 있다.

S'ACCAPAU

2016년 6월, 노쿄 니시아사부 빌딩 지하 1층에 오픈한 이탈리아음식점. 회색에 기초한 시크한 매장 안에는 극장처럼 오픈키친을 바라보는 카운터 9석과, 룸처럼 사용 가능한 테이블 16석이 있다. 리스토란테로 제공하는 코스요리 외에 아라카르트(단품요리), 바 이용도 가능하다.

東京都港区西麻布1-12-4
nishiazabu 1124ビル B1
03-6721-0935
http://saccapau.jp

영업시간 17시30분~23시
　　　　　토요일 11시~15시,
　　　　　　　　17시30분~23시
　　　　　일요일 12시~15시,
　　　　　　　　17시30분~23시
휴 무 일 수요일

――――― 담당 가니시 ―――――

※ 가니시 사진에 붙은 번호는 각 가니시의 번호이다.

이 책에서 저는 다양한 비주얼의 가니시를 소개했습니다. 그중에서 선명하고 강렬한 블루 퓌레와 술레, 옥수수를 본뜬 세미프레도 등은 언뜻 보면 시각적인 임팩트를 우선시하는 것처럼 여겨질 수 있습니다. 물론 근본적으로 「먹었을 때 맛있는」 것이 대전제입니다. 그렇지 않으면 겉모습에 그치고 맙니다. 하지만 맛을 제대로 낸 다음 비주얼에도 공을 들인다면, 잘못된 일은 분명 아닐 것입니다. 비주얼은, 손님에게 그 요리에 대해 시각적으로 「전달한다」는 중요한 역할을 맡고 있습니다. 색이나 형태로 생선요리인지 채소요리인지 전달할 수 있습니다. 이런식으로 요리를 보다 직접적이고 분명하게 맛보도록 합니다. 여기서 소개한 가니시는, 만들 때 착색료나 증점제 등의 첨가제도 많이 활용하고 있습니다. 이런 첨가제에 거부감이 드는 사람도 있겠지만, 사실 착색료든 증점제든 요리의 색, 텍스처, 형태를 변화시킬 수 있다는 점에서 무한한 가능성이 숨겨진 아이템입니다. 이 책에서 사용한 아이템은 천연재료가 많고, 용량만 지키면 건강에 나쁜 영향을 주지 않습니다. 또한 풍미에 별로 영향을 주지 않는다는 점도 마음에 들어 사용하고 있습니다. 시각적인 임팩트가 전부인 것 같지만 실제로 먹어도 맛있는, 이런 차이를 느껴보는 것도 식사할 때의 즐거움 중 하나이며, 이런 연출을 가능하게 만드는 것이 바로 첨가제의 매력입니다. 물론 그런 첨가제에만 의지하면 손님도 거부감이 들어 질려버릴 것입니다. 사용한다면, 요리의 주인공으로 사용하기보다 이 책에서처럼 일부 가니시로 사용하기를 추천합니다. 어떻든 먹는 사람의 입장에 섰을 때 어떤 표현이 가장 즐거울지를 가장 먼저 고려하고 있습니다.

「먹었을 때 맛있는」 것이 대전제지만, 겉모습에 집착하는 것도 동일하게 중요하기 때문

사용도구

분자요리에 빠지지 않는 액체질소, 에스푸마용 사이펀, SOSA사 첨가제 등은 물론, 독창적인 가니시 형태를 만들어내기 위한 실리콘틀, 풍선(물풍선용), 주사기 같은 아이템도 필요하다.

L'ARGENT

셰프

Junichi Kato

1982년 시즈오카현 출생. 조리사학교 졸업 후, 도쿄「TATERU YOSHINO」등에서 경험을 쌓았다. 2007년에 프랑스로 건너가 파리「Astrance」에서 근무했다. 귀국 후 2012년 덴마크로 건너가 코펜하겐의「AOC」,「Marshall」에서 경험을 쌓았다. 도쿄「Sublime」의 셰프를 거쳐 2020년 12월,「L'ARGENT」오픈과 동시에 셰프로 취임했다.

L'ARGENT

2020년 12월, 도쿄 긴사 4조메 교차로 코너에 있는 빌딩 7층에 오픈한 프랑스 음식점. 긴자의「긴[銀]」을 의미하는 프랑스어「L'argent(라르장)」을 이름으로 사용했다. 테이블 28석, 바 카운터 8석, 테라스 14석, 그리고 각각 최대 6명, 20명까지 들어가는 룸 2개가 있다.

東京都中央区銀座5-8-1
GINZA PLACE 7F
03-6280-6234
https://largent.tokyo

영업시간 점심 11시30분~15시
(L.O.13시30분),
저녁 17시30분~23시
(L.O.20시30분),
바 17시30분~23시30분
(L.O.23시)

휴 무 일 월요일

담당 가니시

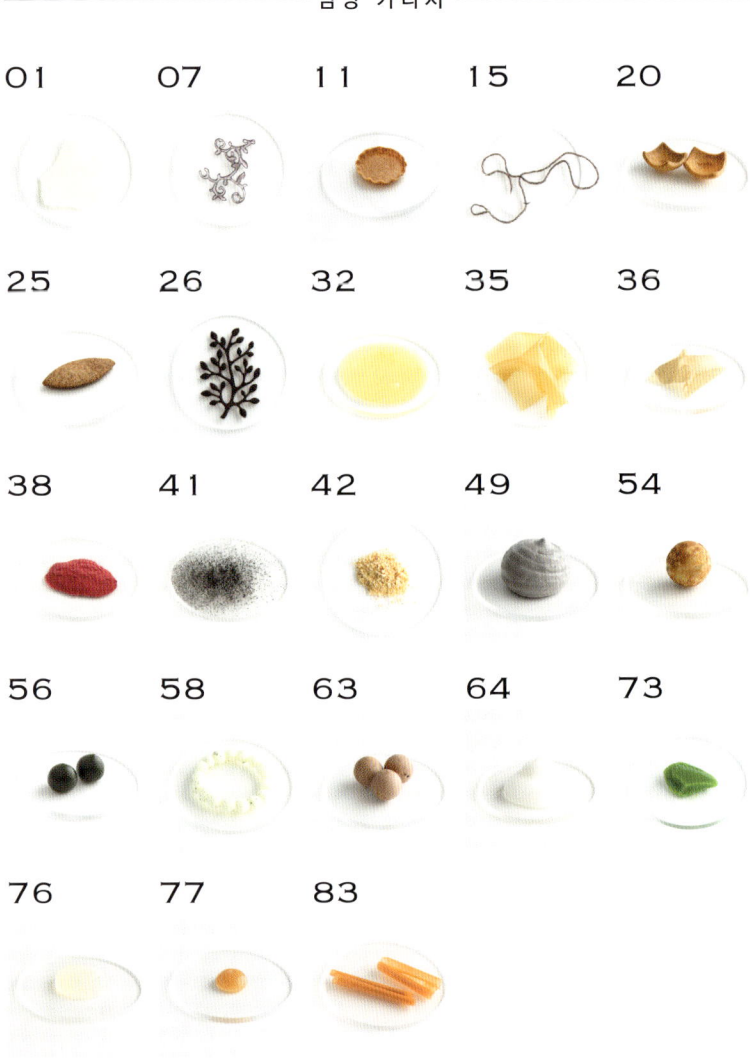

※ 가니시 사진에 붙은 번호는 각 가니시의 번호이다.

이 책에서 소개한 23가지 가니시는 모두 평소에 손님을 위해 만들던 것으로, 나름대로 정보를 수집하거나, 미리 만들어보거나, 고민하거나 하는 시행착오를 반복하면서 완성한 것입니다. 이 '시행착오'의 단계가 저는 정말 중요하다고 생각하는데, 이를테면 이 책을 넘기다가「이것과 똑같이 만들어볼까」하는 생각이 들었고 생각대로 완성했다고 해 봅시다. 이때 완성한 것에 만족하고 생각을 멈춰버리면, 결국「흉내」로 그치고「어떤 화학반응이 일어나 그 가니시가 완성되었는가」하는 원리까지 이해할 수 없으며, 만약 후배에게 질문을 받아도 대답하거나 가르쳐 줄 수 없게 됩니다.「왜 이 젤리가 굳는 걸까」하면서 고민하고, 조사하고, 만들어보는 것. 그렇게 시행착오를 거치며 연구한 경험은 자기 요리의 가짓수를 늘리는 일로 이어지고, 결국 자신이 추구하는 퀄리티를 쉽게 재현해내기 위한 기술, 훌륭한 무기가 될 수 있습니다. 실제로 저 자신도 그렇게 해서 스스로 만들 수 있는 가니시를 늘리고, 자신만이 해낼 수 있는 표현을 찾아온 셈입니다.「이런 식감을 표현하고 싶은데」,「이 향을 유지할 수 있는 구조를 만들 수 없을까」등등, 요리를 하다 보면 누구나 이런 생각이 들지 않을까 생각합니다. 그렇게 자기만의「목표」를 중시하고, 그것을 실현하려면 어떤 재료와 기술이 필요할지 거슬러 올라가는 것. 여기에 그야말로 요리사가 성장할 수 있는 씨앗이 숨어있다고 저는 생각합니다. 이 요리로 무엇을 표현하고 싶은지, 손님에게 어떤 인상을 주고 싶은지, 이런 목표를 먼저 명확하게 정한 다음 방법을 고민하고, 시행착오를 거치면서 실현해 나가는 것이 중요합니다. 여기서 소개한 가니시, 요리 포인트 하나하나가 독자 여러분의 시행착오에 힘을 불어넣는 힌트가 되었으면 합니다.

어떤 가니시를 만들더라도 필요한 것은 자신만의 시행착오, 그것이 곧 무기가 된다

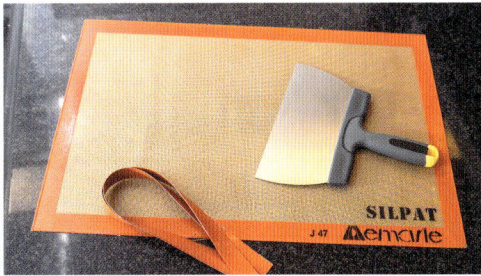
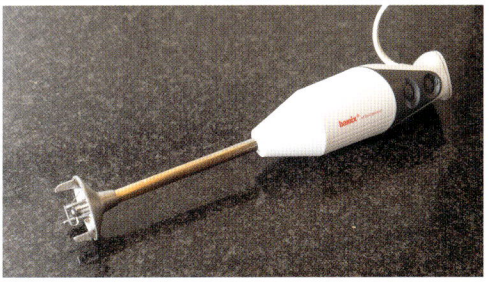

사용도구

핸드믹서, 실패드, 스크레이퍼처럼 어떤 주방에서나 갖춰져 있는 도구는, 가니시를 만들면서 덩어리지지 않게 액체를 섞거나 반죽을 고르게 펴거나 할 때 꼭 필요하다. 응고제 같은 첨가제도 활용법을 충분히 익혀두면 매우 편리한 아이템이다.

촉감별 색인

※ 가니시 이름 옆 숫자는 가니시 번호를 나타낸다.

거슬거슬
39 블랙올리브 크럼블

끈적끈적
35 레더
36 돼지감자 시트

따끈따끈
48 돌모양 감자

말랑말랑
29 에스프레소 아가 시트
30 토마토 아가 시트
32 젤리 시트
59 반딧불
60 스노 글로브
71 토마토 퓌레
73 민트 젤리
74 블루 줄레
75 알 모양 줄레
76 식초 퓌레
77 태운 레몬 퓌레
79 누에콩 농축액
80 물결 퓌레

매끈매끈
28 엘라스틱 시트
29 에스프레소 아가 시트
30 토마토 아가 시트
31 한천 시트
35 레더
36 돼지감자 시트
47 공모양 서양배 퓌레
63 다르질링 무스
73 민트 젤리
80 물결 퓌레

바삭바삭
81 자색고구마 코르네
82 말린 감귤
85 펜네 크로칸테
88 비트 프리터

반들반들
31 한천 시트
56 파슬리 젤리
71 토마토 퓌레
72 블루 퓌레
74 블루 줄레

보슬보슬
33 규히 시트
34 미니 피아디나
37 초리조 시트

카시스파우더
38 카시스파우더
40 말린 채소파우더
41 흑마늘파우더
42 요구르트 크럼블
43 그린 아이스파우더
44 가스파초 아이스파우더
45 발효파우더
46 요구르트 아이스파우더
48 돌모양 감자
62 종이학
78 돼지감자 농축액

사각사각
53 옥수수 세미프레도

사박사박
02 요구르트 튀일
07 섀도 퀸 칩
11 춘권 타르트
13 파트 아 브릭 타르틀레트
14 샐러리악 토르티야
16 향신료 튀일
17 사각 튀일
18 머랭 튀일
19 머랭 튀일
21 그리시니
24 손모양 쿠키
26 몰트 쿠키
27 은행잎 쿠키
42 요구르트 크럼블
49 대나무숯 머랭
50 흑임자 추로스
52 스파이럴 코르네
55 시가
57 반구형 머랭
58 건조 난백 머랭
82 말린 감귤
86 처빌 로열 아이싱
87 우엉 프리터

서벅서벅
20 커브드 쿠키
22 해초 비스킷
23 벌집 쿠키
25 버섯 사블레

오도독
06 아이소말트로 만든 투명 튀일

와삭와삭
04 라이스 칩
05 라이스 칩

쫄깃쫄깃
33 규히 시트
34 미니 피아디나

탱글탱글
28 엘라스틱 시트

톡톡
75 알 모양 줄레

파삭파삭
01 요구르트 튀일
02 요구르트 튀일
03 그물망모양 튀일
08 시라스 칩
09 파래 튀일
10 눈꽃 결정
12 비트 튀일
13 파트 아 브릭 타르틀레트
14 샐러리악 토르티야
15 몰트 추로스
16 향신료 튀일
17 사각 튀일
21 그리시니
24 손모양 쿠키
27 은행잎 쿠키
51 초콜릿 그릇
52 스파이럴 코르네
55 시가
61 설탕공예
62 종이학
83 가리비 칩
84 양상추 그릇
86 처빌 로열 아이싱
87 우엉 튀김
88 비트 프리터

파슬파슬
45 발효파우더

폭신폭신
54 에이블스키버
64 유자즙 거품
65 훈제 베이컨 풍미의 거품
66 로즈워터 거품
67 누베
68 아보카도 피스타치오 무스
69 에어 초콜릿
70 머랭 수플레

하늘하늘
07 섀도 퀸 칩

색깔별 색인

※ 가니시 이름 옆 숫자는 가니시 번호를 나타낸다.

🟡 연노란색
- 32 젤리 시트
- 35 레더
- 36 돼지감자 시트
- 76 식초 퓌레

🟤 황토색
- 03 그물망모양 튀일
- 11 춘권 타르트
- 16 향신료 튀일
- 20 커브드 쿠키
- 23 벌집 쿠키
- 24 손모양 쿠키
- 42 요구르트 크럼블
- 52 스파이럴 코르네
- 77 태운 레몬 퓌레
- 83 가리비 칩

🟡 황금색
- 13 파트 아 브릭 타르틀레트
- 14 샐러리악 토르티야
- 40 말린 채소파우더
- 54 에이블스키버
- 62 종이학
- 85 펜네 크로칸테

🟠 오렌지색
- 31 한천 시트
- 75 알 모양 줄레
- 82 말린 감귤

🟡 노란색
- 27 은행잎 쿠키
- 53 옥수수 세미프레도

🔴 붉은색
- 12 비트 튀일
- 38 카시스파우더
- 67 누베
- 71 토마토 퓌레
- 88 비트 프리터

🟠 주홍색
- 37 초리조 시트

🩷 분홍색
- 66 로즈워터 거품

🟣 보라색
- 07 새도 퀸 칩
- 59 반딧불
- 81 자색고구마 코르네

⚪ 흰색
- 01 요구르트 튀일
- 02 요구르트 튀일
- 05 라이스 칩
- 08 시라스 칩
- 10 눈꽃 결정
- 18 머랭 튀일
- 19 머랭 튀일
- 33 규히 시트
- 34 미니 피아디나
- 46 요구르트 아이스파우더
- 47 공모양 서양배 퓌레
- 57 반구형 머랭
- 64 유자즙 거품
- 65 훈제 베이컨 풍미의 거품
- 67 누베
- 70 머랭 수플레

🟤 갈색
- 17 사각 튀일
- 22 해초 비스킷
- 25 버섯 사블레
- 29 에스프레소 아가 시트
- 55 시가
- 63 다르질링 무스
- 69 에어 초콜릿
- 87 우엉 프리터

🟤 연갈색
- 21 그리시니
- 34 미니 피아디나
- 44 가스파초 아이스파우더
- 70 머랭 수플레

🟫 진갈색
- 15 몰트 추로스
- 26 몰트 쿠키
- 39 블랙올리브 크럼블
- 45 발효파우더
- 51 초콜릿 그릇

⚫ 검은색
- 04 라이스 칩
- 41 흑마늘파우더
- 50 흑임자 추로스

⚪ 회색
- 48 돌모양 감자
- 49 대나무숯 머랭

🔵 연청색
- 72 블루 퓌레
- 74 블루 줄레

🟢 녹색
- 56 파슬리 젤리
- 73 민트 젤리
- 86 처빌 로열 아이싱

🟢 연녹색
- 58 건조 난백 머랭

🟢 진녹색
- 09 파래 튀일

🟢 연두색
- 27 은행잎 쿠키
- 43 그린 아이스파우더
- 68 아보카도 피스타치오 무스
- 84 양상추 그릇

⚪ 투명
- 06 아이소말트로 만든 투명 튀일
- 10 눈꽃 결정
- 28 엘라스틱 시트
- 29 에스프레소 아가 시트
- 30 토마토 아가 시트
- 31 한천 시트
- 59 반딧불
- 60 스노 글로브
- 61 설탕공예
- 78 돼지감자 농축액
- 79 누에콩 농축액
- 80 물결 퓌레

⚪ 반투명
- 32 젤리 시트
- 35 레더
- 36 돼지감자 시트

재료별 색인

※ 가니시 이름 옆 숫자는 가니시 번호를 나타낸다.

채소, 허브, 열매

		주요 재료
07	섀도 퀸 칩	감자(섀도 퀸)
48	돌모양 감자	감자(잉카노메자메)
50	흑임자 추로스	흑임자
81	자색고구마 코르네	고구마
79	누에콩 농축액	누에콩
40	말린 채소파우더	단호박
36	돼지감자 시트	돼지감자
78	돼지감자 농축액	돼지감자
41	흑마늘파우더	마늘
73	민트 젤리	민트
27	은행잎 쿠키	밤
39	블랙올리브 크럼블	블랙올리브
88	비트 프리터	비트
12	비트 튀일	비트
14	샐러리악 토르티야	샐러리악
62	종이학	샐러리악
68	아보카도 피스타치오 무스	아보카도, 피스타치오
84	양상추 그릇	양상추
25	버섯 사블레	양송이
45	발효파우더	양송이
35	레더	양파
72	블루 퓌레	양파
53	옥수수 세미프레도	옥수수
43	그린 아이스파우더	와사비채
58	건조 난백 머랭	완두콩
87	우엉 프리터	우엉
86	처빌 로열 아이싱	처빌
80	물결 퓌레	토마토
71	토마토 퓌레	토마토
44	가스파초 아이스파우더	토마토
30	토마토 아가 시트	토마토
56	파슬리 젤리	파슬리
37	초리조 시트	홀토마토(통조림)

과일

		주요 재료
82	말린 감귤	감귤
77	태운 레몬 퓌레	레몬
35	레더	사과
32	젤리 시트	서양배
47	공모양 서양배 퓌레	서양배
31	한천 시트	오렌지
64	유자즙 거품	유자
38	카시스파우더	카시스 베리
66	로즈워터 거품	크랜베리

어패류, 해조류

83	가리비 칩	가리비
74	블루 줄레	대합
08	시라스 칩	시라스
09	파래 튀일	파래
22	해초 비스킷	해초
67	누베	해초

가공육

65	훈제 베이컨 풍미의 거품	베이컨
37	초리조 시트	초리조

달걀

58	건조 난백 머랭	건조 난백
70	머랭 수플레	건조 난백
19	머랭 튀일	달걀흰자
57	반구형 머랭	달걀흰자
18	머랭 튀일	달걀흰자
49	대나무숯 머랭	달걀흰자

유제품

		주요 재료
01	요구르트 튀일	플레인 요구르트
02	요구르트 튀일	플레인 요구르트
42	요구르트 크럼블	플레인 요구르트
46	요구르트 아이스파우더	플레인 요구르트

밀가루, 그 밖의 가루 종류, 쌀

27	은행잎 쿠키	밀가루
23	벌집 쿠키	밀가루
55	시가	밀가루
54	에이블스키버	밀가루
03	그물망모양 튀일	밀가루
20	커브드 쿠키	밀가루
21	그리시니	밀가루
52	스파이럴 코르네	밀가루
24	손모양 쿠키	밀가루
25	버섯 사블레	밀가루
50	검은깨 추로스	밀가루
34	미니 피아디나	밀가루
48	돌모양 감자	밀가루
26	몰트 쿠키	밀가루, 몰트파우더
15	몰트 추로스	밀가루, 몰트파우더
17	사각 튀일	밀가루, 카카오파우더
16	향신료 튀일	밀가루, 향신료
33	규히 시트	백옥분
04	라이스 칩	쌀
05	라이스 칩	쌀

시판 생지

11	춘권 타르트	춘권피
13	파트 아 브릭 타르틀레트	파트 아 브릭
85	펜네 크로칸테	펜네

커피, 홍차

		주요 재료
29	에스프레소 아가 시트	에스프레소
63	다르질링 무스	홍차

설탕 종류

61	설탕공예	그래뉴당, 물엿
60	스노 글로브	엘더플라워 시럽
59	반딧불	엘더플라워 시럽
06	아이소말트로 만든 투명 튀일	아이소말트
10	눈 결정	아이소말트, 퐁당
51	초콜릿 그릇	초콜릿
69	에어 초콜릿	초콜릿
55	시가	흑설탕

식초

76	식초 퓌레	사과 식초
75	알 모양 줄레	쌀식초
28	엘라스틱 시트	쌀식초
72	블루 퓌레	화이트와인 식초

젤라틴, 아가

29	에스프레소 아가 시트	아가
30	토마토 아가 시트	아가
31	한천 시트	아가
32	젤리 시트	아가
36	돼지감자 시트	아가
71	토마토 퓌레	아가
67	누베	젤라틴
73	민트 젤리	젤라틴
74	블루 줄레	젤라틴
79	누에콩 농축액	젤라틴
80	물결 퓌레	젤라틴

옮긴이 **용동희**

다양한 분야를 넘나들며 활동하는 푸드디렉터. 메뉴 개발, 제품 분석, 스타일링 등 활발한 활동을 이어가고 있다. 현재 콘텐츠 그룹 CR403에서 요리와 스토리텔링을 담당하고 있으며, 그린쿡과 함께 일본 요리책을 한국에 소개하는 요리 전문 번역가로도 활동하고 있다.

가니시 레시피 & 플레이팅 테크닉

펴낸이 유재영	**출판등록** 1987년 11월 27일 제10-149
펴낸곳 그린쿡	**주소** 04083 서울 마포구 토정로 53(합정동)
엮은이 시바타쇼텐	**전화** 02-324-6130, 324-6131
옮긴이 용동희	**팩스** 02-324-6135
기 획 이화진	**E-메일** dhsbook@hanmail.net
편 집 이준혁	**홈페이지** www.donghaksa.co.kr
디자인 임수미	www.green-home.co.kr
	페이스북 www.facebook.com / greenhomecook
1판 1쇄 2023년 6월 10일	**인스타그램** www.instagram.com / __greencook
1판 4쇄 2025년 3월 31일	
	ISBN 978-89-7190-855-6 13590

RYOURI WO IRODORU PARTS IDEA ZUKAN ⓒ SHIBATA PUBLISHING CO., LTD. 2022
Originally published in Japan in 2022 by SHIBATA PUBLISHING CO., LTD., Tokyo.
Korean Characters translation rights arranged with SHIBATA PUBLISHING CO., LTD., Tokyo.,
through TOHAN CORPORATION, Tokyo and EntersKorea Co., Ltd., Seoul.
Korean translation copyright ⓒ 2023 by Donghak Publishing Co., Ltd., SEOUL.

이 책의 한국어판 저작권은 (주)엔터스코리아를 통해 저작권자와 독점 계약한 주식회사 동학사(그린쿡)에 있습니다.
저작권법에 의하여 한국 내에서 보호를 받는 저작물이므로 무단전재와 무단복제, 광전자 매체 수록 등을 금합니다.

• 잘못된 책은 구매처에서 교환하시고, 출판사 교환이 필요할 경우에는 사유를 적어 도서와 함께 위의 주소로 보내주십시오.
• 이 책의 내용과 사진의 저작권 문의는 주식회사 동학사(그린쿡)로 해주십시오.

일본어판 스태프　촬영_ Haruko Amagata (CELARAVIRD, LE SPUTNIK, S'ACCAPAU, L'ARGENT)　Nobuyoshi Miyamoto (LE SPUTNIK)
DTP_ meisho-do　교정_ Yukiyo Abiko　디자인_ Hiroyuki Aoki (Mag)　편집_ Yuki Sato